VOLUME III

HISTÓRIAS MEMORÁVEIS

PESSOAS QUE INSPIRAM

EDITORA
CHAVE MESTRA®

Título original em Português:

Histórias Memoráveis Volume III — Pessoas que inspiram

Direção editorial: Raquel Medeiros
Revisão: Híllona Anjos
Assistente editorial: Maria Carolina Ferreira
Diagramação: Daniel Marchesani
Branding de capa: Sergio Macceddo

O conteúdo desta obra é de total responsabilidade dos autores e não reflete necessariamente a opinião da editora.

Dados Internacionais de Catalogação na Publicação (CIP)

Vale, Rogério (Organizador)
V149 Histórias Memoráveis - Volume 3: pessoas que inspiram / Rogério Vale – Barueri, SP: Chave Mestra Editora, 2023.
248 p. : 16 x 23 cm

ISBN 978-65-84979-47-5

1. Desenvolvimento pessoal. 2. Mindset. 3. Negócios. 4. Riqueza. 5. Sucesso nos negócios. 6. Atitude. I. Título.

CDD 158.1

EDITORA
CHAVE MESTRA®

SUM

	Tathi Deândhela **PREFÁCIO**	6
01	Albertina Machado **O PODER DO PERDÃO**	8
02	Ana Dacciley Campos Lima **DO MEDO AO SUCESSO**	16
03	Ana Flávia da Silva Ferreira **F.É - FOCO E EXECUÇÃO**	24
04	Beatriz Rocha **COMO REAGIR DIANTE DA ADVERSIDADE**	32
05	Betânia Moura **DESAFIOS FAZEM CRESCER**	40
06	Carla Conti **CAMINHO DE CORAGEM**	48
07	Carla Dimarães **O DESVELAR E O REVELAR DE UM EU...**	56
08	Cristina Judas **A REVELAÇÃO DE UMA ALMA EMPREENDEDORA**	64
09	Daniela De Cássia **A VIDA QUE ME GOVERNA**	72
10	Djanilda Ferreira **SIGA SEU CORAÇÃO**	80
11	Eliza Monteiro Dias **RECONECTANDO-ME COM O MEU PROPÓSITO**	88
12	Flávia Colosimo **A JORNADA DA CONSCIÊNCIA**	96
13	Hudson Lara **SEJA VOCÊ O LÍDER QUE SEMPRE DESEJOU TER**	104
14	Ivete Goldoni Moreti **MUDANÇA: TRAJETÓRIA POR UM PROPÓSITO**	112
15	Jane Queiroz **ACENDA A LUZ QUE EXISTE EM VOCÊ**	120

ÁRIO

16	JULIANA ARANDA **A MUDANÇA COMEÇA EM VOCÊ**	128
17	JULIANA VINHAIS **RESILIÊNCIA PARA SOBREVIVER AO IMPOSSÍVEL**	136
18	JULIANA ZANROSSO CARAN **JULI COM I: DE IMPROVÁVEL A IMPARÁVEL**	144
19	JUSSARINA ALMEIDA OLEKSINSKI **DA FICÇÃO À VIDA REAL**	152
20	KÁTIA FALCÃO **ACONTEÇA O QUE ACONTECER, ESCOLHA VIVER!**	160
21	KELLY FARIA SIMÕES **NO QUE VOCÊ SE TORNOU COM O TEMPO?**	168
22	LIDIANE ALVES GOMES **EM BUSCA DOS PRÓPRIOS SONHOS**	176
23	LUCI PAZ **LIBERTE-SE DAS SUAS CRENÇAS E SEJA UM VENCEDOR**	184
24	LUZIA DUARTE FRIZZO **COMO SE TORNAR UMA MULHER MARAVILHA MEMORÁVEL**	192
25	MARILENE MATTIA **COMUNICAÇÃO PODEROSA COM EMPATIA**	200
26	REGIS LANZA **NADA RESISTE AOS RESULTADOS**	208
27	ROSANE VILAS BOAS **EM VEZ DE PRESSA E ANSIEDADE, CONSTÂNCIA E SERENIDADE**	216
28	SANDRA SIQUEIRA **LIBERTANDO-SE DE UM CONTO DE FADAS**	224
29	SOFIA MENZ **UMA VIDA DE POSSIBILIDADES**	232
30	VALDA MARIA COSTA FUMEIRO **VIVER É A TRAVESSIA DOS SONHOS**	240

PREFÁ

É com grande entusiasmo que apresento o livro "Histórias memoráveis III - Pessoas que Inspiram". Nesta obra, você encontrará uma coleção de histórias inspiradoras de pessoas que superaram desafios, lutaram contra adversidades e alcançaram grandes realizações.

Cada capítulo apresenta uma história única e emocionante de alguém que enfrentou momentos difíceis em sua vida e, por meio de sua força de vontade, determinação e coragem, conseguiu superar obstáculos e conquistar seus objetivos. Essas histórias nos mostram que, mesmo diante das maiores dificuldades, é possível encontrar esperança, perseverança e sucesso.

Ao ler este livro, somos levados a refletir sobre nossas próprias vidas e a encontrar inspiração para enfrentar nossos próprios desafios. Afinal, todos nós passamos por momentos difíceis em nossas vidas e, muitas vezes, é preciso uma grande dose de inspiração para seguirmos em frente.

Este livro é uma verdadeira celebração da vida e da força humana. Ele nos lembra que, apesar dos desafios que enfrentamos, temos o poder de

CIO

escolher nossas atitudes e de perseverar em direção aos nossos objetivos.

Enfim, é um prazer ver meus memoráveis brilhando nos palcos e através dessa obra que tenho prazer de apresentar: eles fizeram um trabalho excepcional ao compartilhar essas histórias de coragem e perseverança.

Tenho certeza de que este livro será uma fonte de inspiração e motivação para todos os leitores que irão tirar lições preciosas com as histórias apresentadas neste livro, histórias conectam e essas mesmas lições são aplicáveis a todas as áreas da vida.

Tathi Deândhela

Albertina Machado

Sou Albertina Machado, esposa e sócia de Adão Machado, empresário e CEO do grupo Independência. Sou mãe de Ingrid, Pâmela e Allan, e vovó da Luiza.

Formada em Inteligência Emocional, Hipnologia e Terapia Sistêmica, criadora do método Destravar Mental, um método com ferramentas de alto impacto de desbloqueios emocionais.

Minha missão se deu início em 2017, após passar por um processo de cura e ter minha vida totalmente resgatada da depressão.

Hoje, são quase 5 mil vidas alcançadas.

Atualmente, trabalho levando essa metodologia para as pessoas que querem romper e crescer em qualquer área da vida.

albertinamachadomentora

Albertina Machado

albertinamachadocoach@gmail.com

(41) 99871-6937

Albertina Machado

albertinamentora

O PODER DO PERDÃO

01

Por Albertina Machado

Sou natural do interior de Francisco Beltrão/PR. Comecei a trabalhar na lavoura com 6 anos, estudei muito pouco, aos 8 já tinha depressão. Aos 12, me vi sobrevivendo ao caos. Aos 18, fiquei doente, com anemia grave. Emocionalmente doente, pouco estudo, mente suicida, sem perspectiva de vida, minha única saída era me mudar. Vim morar em Curitiba e comecei a trabalhar com vendas de roupas e calçados.

Deus foi generoso comigo, eu mal abria a boca para falar e trabalhar com vendas foi desafiador. Quando não se tem outro meio, você se reinventa e o Senhor me abençoou com a comunicação, que foi milagre, surgiu como um presente do Céu. Eu era uma garota tímida do interior e reprimida, pois me criei no regime de "Cala boca e fica quieta". A garota calada que quase não falava nada se destacou nas vendas recebendo muitos elogios dos clientes e dos chefes.

Em 22 de julho de 1999, abrimos uma empresa no ramo pet, a Aviário Independência - tudo para cães e gatos. Em paralelo, eu vendia cosméticos, por isso conquistei prêmios e viagens. Aquela garota tímida agora era reconhecida pelos clientes, pelas marcas a qual representava e com uma empresa própria. Tinha formado uma família, parecia estar tudo certo. Só que não.

Por trás daquela garota, agora uma mulher com 42 anos, havia muitas fraturas emocionais da criança, as dores estavam apenas camufladas. Muito choro, medo, angústia e uma tristeza inexplicável. Depressão crônica, ansiedade, o meu maior medo era de não vencer o pensamento suicida que me atormentava, só quem passa pela agonia de chegar a este ponto, sabe como é não ter certeza se vai conseguir suportar.

Em setembro de 2017, estava sem esperança de que houvesse saída, muito tempo tomando medicamentos fortes, dificuldades no casamento, relacionamento disfuncional com minhas filhas e filho, pois eu estava presente, mas ausente por causa de muitos remédios, não dava a atenção devida aos meus filhos. Trabalhando demais, sem saber delegar funções e com frequentes crises de pânico.

Orava pedindo a Deus um caminho: "Misericórdia, Senhor, não me deixe tirar a minha vida, tem que haver um jeito!". Me apresentaram um treinamento de inteligência emocional e decidi fazê-lo. No treinamento, tive um encontro comigo e descobri coisas em mim que eu não fazia ideia que existiam, descobri que podia aceitá-las em mim, elas faziam parte de mim. Me encontrei, aceitei os meus fragmentos e vulnerabilidades. Eu entendi o porquê da depressão: eu não aceitava a minha história, odiava o meu nome. Descobri que não me amava e tomei um choque de realidade.

Eu tomei CONSCIÊNCIA, entendi porque fazia tudo para as outras pessoas, para ter a aprovação delas e me sentir merecedora de amor. Descobri algo libertador, que era possível RESSIGNIFICAR tudo.

Olhei para mim com amor, verdade e humildade, me permiti viver o processo de cura, me perdoar e me curar de toda rejeição, mágoa, abandono, abusos morais, verbais e sexuais que tinha passado. Me perdoei por carregar aquele lixo tóxico que não fazia parte de mim... perdoei meus pais, familiares, meu cônjuge e decidi começar uma nova jornada, a qual estou no comando.

Compreendi que eu não precisava mais da aprovação de ninguém para viver os meus sonhos e este aqui é um sonho, estar escrevendo para você a minha história.

Talvez, você já tenha passado por momentos assim, de pensar que não tem saída. Te compreendo, estou aqui para te mostrar o caminho que deu certo para mim e eu quero dizer que sim, tem saída. Minha mãe sempre dizia: "Tudo tem jeito, só não tem jeito para a morte", depois descobri que tem jeito para a morte, pois Jesus nos deu a ressurreição. Até mesmo para a morte tem uma saída, imagina para os desafios da vida.

Amada, eu quero pedir para você abrir o seu coração e se permitir viver o novo de Deus, existem coisas grandiosas do Senhor para você, assim como ele me alcançou, estou aqui para que você se sinta alcançada e tenha a sua vida transformada, assim como a minha foi.

Eu não via saída, vivia em um rodízio de especialistas e os diagnósticos só aumentavam. Além das dores da alma da criança ferida, tinham as dores físicas, devido às emoções trancadas em mim. Eu não queria ofender as pessoas contando minhas dores, mas eu acabava as machucando com a frustração que eu sentia. Eu era grosseira com meu esposo, com minhas filhas e meu filho, muitas vezes, inconscientemente, descontava neles a minha ira.

Todos estávamos doentes emocionalmente, porque eu estava, meu filho de 7 anos era internado todos os anos com problemas respiratórios. Minha filha Ingrid só gostava de ficar no quarto, com baixa autoestima, Pâmela tomava antidepressivo, meu esposo era explosivo com tudo. Os domingos eram os dias de brigar, gritar e chorar. Todos estávamos refém das emoções. Eu não desejo para ninguém aquela situação a qual estava minha família, todos emocionalmente adoecidos.

Até aquele encontro comigo, quando o amor de Deus me tocou profundamente. Eu decidi ali que cuidaria de mim e dos meus.

Após essa descoberta, mergulhei no processo de autoconhecimento, passei por um processo de *coaching* com uma *master coach*. Durante o processo, fiz a imersão de mais de 800 horas de autoconhecimento, entendendo sobre perfil comportamental. Isso mudou totalmente a visão que eu tinha de mim mesma e a forma que via as pessoas, passei a olhar o próximo com mais compaixão e amor. As pessoas me falavam que eu estava diferente e estava mesmo, eu estava feliz, eu havia renascido. Só foi melhorando, não precisei mais tomar remédios para dormir ou qualquer outro.

Agora, eu sugiro que você tenha um caderno e uma caneta perto de você. Hebreus 11:1 diz: "*A FÉ é o firme fundamento das coisas que se esperam e a prova das coisas que não se veem*". Se fosse possível, o que você gostaria de mudar na sua vida?

____

____

De 0 a 100, o quanto você está disposta?

____

Eu sei, você falou que a mudança que você quer, não tem preço que pague. Isso que todos dizem. Tudo tem um preço a ser pago e você já vem pagando a muito tempo: o preço de viver uma vida disfuncional, o preço que te rouba a paz, a esperança, a alegria de viver. Este preço é o mais caro, que todo dinheiro do mundo não compra, porque não é TER, é SER: ser única em sua verdadeira ESSÊNCIA. Este é o preço mais caro, o de não saber quem você É. Viver de migalhas, como eu vivia. Eu pagava um preço alto demais, que quase me custou a vida. Você não precisa pagar o preço que paguei, por isso estou aqui convidando você para uma nova fase.

Aceitação. Aceitar, só este fato muda tudo.

Agradecer. Eu era tão ingrata que não via motivos para agradecer. Escrever 30 motivos de gratidão, diariamente, era desafiador. *O que? Quer que eu agradeça por esta miserável vida que levo? Ser grata pelo sofrimento que passei?* Então percebi o quanto eu vinha sendo arrogante e prepotente, me dediquei a pensar pelo que agradecer. Pássaros passavam voando e escrevi: sou grata pelos pássaros! O vento balançou a laranjeira no quintal, escrevi: sou grata pelo vento! Olhei o céu tão azul, lindo, escrevi: sou grata pelo céu azul! Fui percebendo Deus me mostrando coisas que Ele criou, como se ele falasse: "Filha, olha aqui para cima, sempre estive com você!". Fui tomada por um constrangimento, só de pensar me emociona.

Os 3 fatores que geram mudanças são: dor, medo e constrangimento. Eu cheguei no ápice dos 3, foi o que provocou o destravar da minha vida. Logo passei a escrever 50 motivos de gratidão.

Te peço que assuma este compromisso de escrever os seus motivos de gratidão, isso vai trazer mudanças tremendas na sua vida. Escreva aqui pelo que você é grata, comece com o que vier em mente. Escreva todos os dias, com o passar dos dias praticando, você vai começar a sentir a gratidão dentro de você.

Tudo é de dentro para fora (escute a música de Júlia Vitoria, "De dentro pra fora")

____

____

Identidade é conhecer a própria essência, saber com detalhes: quem eu sou? Não sou os meus diplomas e certificações, isso são apenas títulos, eu sou maior que os meus títulos. Assim, você é maior que tudo, maior que seus resultados. Mesmo que você se sinta péssima como eu me sentia, péssima mãe, péssima esposa, péssima gestora, péssima empresária, depois entendi que eu era maior que tudo aquilo que me limitava, então passei a escrever características positivas ao meu respeito e fui descobrindo meus valores. Ex.:

- Eu sou linda;

- Eu sou abençoada;

- Eu sou inteligente;

- Eu sou próspera...

E assim escrevia 30 características todos os dias, isso mudou a forma como eu me via. Eu me achava feia e não sendo modesta, eu era linda, hoje olho as fotos e digo: que mulher linda Deus me fez.

Não me achava inteligente, achava que Deus tinha esquecido de mim, mas a prática dos exercícios causou uma virada de chave gigantesca na minha vida, não me sentia capaz de grandes coisas e hoje, estou aqui escrevendo este capítulo e considero um grande feito para mim.

Agora é sua vez:

- Eu sou ____

- Eu sou ____

- Eu sou ____

Não precisa ser difícil, basta ser possível.

Agora, eu quero pedir: tire um tempinho para você e Deus. Coloque um louvor, um que você goste, fique a sós com Ele, o criador de todas as coisas. Busque intimidade com ele, você vai se sentir a mulher mais amada deste mundo.

Após este processo de práticas, tenho certeza de que você vai se sentir bem! Quero saber como se sente, me manda uma mensagem, vou ficar feliz em saber que contribuí na sua transformação.

Mais de 4.500 alunos foram alcançados por este método, este é meu objetivo e eu desejo que esta mudança aconteça na sua vida!

Me tornei forte quando consegui ser capaz de transformar a dor em perdão e amor, e multiplicar isso.

Albertina Machado

Ana Dacciley Campos Lima

Sou Ana Lima, filha do Dono do ouro e da prata deste Universo próspero e abundante, entusiasmada pelo processo de aprendizagem, atuo como facilitadora, acreditando sempre no poder da transformação através do conhecimento.

Palestrante, mentora, treinadora, professora universitária, diretora executiva da Mais Ergonomia Saúde & Inovação, profissional de Educação Física, doutoranda em Ergonomia nos aspectos psicossociais relacionado ao trabalho.

Amo transformar vidas através do conhecimento e curto muito o processo da jornada de sucesso que sempre compartilho com a minha família, meu amado esposo Daniel e minha querida filha Alice.

anadacciley

Ana Dacciley Campos Lima

www.maisergonomia.com.br

DO MEDO AO SUCESSO

02

Por Ana Dacciley Campos Lima

Na infância, sentia muita vergonha de falar e expor as minhas ideias, era muito tímida ao ponto de me esconder, não querer responder a chamada na sala de aula. Eu sempre tive muitos pensamentos e perguntas, porém nunca foram feitas, devido ao pânico de me expor e falar em público, tinha um medo terrível e não entendia o motivo.

Convivia com os meus pais que se separaram alguns anos depois, meu irmão era o caçula e a minha irmã mais nova tinha a diferença de um ano de idade, éramos vistas como gêmeas, mas tínhamos personalidades bem diferentes.

As condições financeiras não eram favoráveis, entretanto, contavam com rede de apoio dos meus avós maternos e meu tio que moravam ao lado, estavam sempre dispostos a ajudar. No fundo, eu sabia que não tinha a oportunidade de realizar meus sonhos, os desejos de meu coração, um deles era a dança.

No terceiro ano do Ensino Médio, vivenciei o meu primeiro grande conflito. Quando me dei conta que aquele poderia ser o último ano da minha vida escolar, minha família não tinha condições financeiras de pagar uma escola particular, muito menos uma faculdade, a minha única opção era passar no vestibular das universidades públicas, eu acreditava que o estudo era o meu passaporte para o sucesso.

Sem saber, eu já aplicava a matriz de SWOT na minha vida. No turbilhão de pensamentos, eu avaliava as possibilidades, meus pontos fortes, fracos e ficava aterrorizada com as ameaças. Mesmo assim, seguia me firmando, conversando e conectando com Deus para vencer e superar os desafios.

A matriz de SWOT é uma ferramenta muito utilizada e se você ainda não a conhece sugiro que busque conhecer e aplicar, foi desenvolvida na década de 1960 na Universidade de Stanford, é utilizada pelas principais empresas do mundo na formação de estratégias. SWOT é uma sigla que significa *Strenghts* (Forças), *Weaknesses* (Fraquezas), *Opportunies* (Oportunidades) e *Threats* (Ameaças), se eu adolescente já consegui aplicar sem ter conhecimento dessa estratégia, com certeza você terá grande sucesso se dedicar um pouco de tempo na leitura e aplicação dessa ferramenta.

Após toda a celebração de fim de ano que sempre existe, no primeiro dia do ano vigente, 2001, chorei desesperadamente, pois aquele era o último ano que eu iria conviver com as minhas amigas e só teria a oportunidade de continuar estudando se passasse no vestibular da universidade pública. Eu só tinha uma única opção: ser aprovada, escolher uma profissão já era um grande desafio, mas o meu objetivo maior era passar no vestibular.

Para algumas pessoas, o seu objetivo pode parecer fácil ser alcançado, para outras, impossível. Só quem sabe o tamanho do desafio é você mesmo, somos únicos, cada um deve buscar os meios para vencer e superá-los, e se porventura não sabemos, devemos procurar uma orientação através de mentores, pessoas sábias que possam nos orientar. Nessa época, apesar de ser muito tímida, eu sempre estava atenta às orientações que eu recebia, já fazia o networking nessa época - o significado dessa palavra basicamente é permitir a troca de informações e se atualizar - entretanto, reconheço que eu mais buscava informações e me atualizava do que compartilhava, mas de alguma forma eu sabia que precisava estar sempre em movimento para realizar meus objetivos.

Aproveitei as oportunidades que surgiram, fiz os cursinhos de pré-vestibular graças à generosidade da minha madrinha e padrinho, eles são meus mentores que até hoje conto com os seus ensinamentos e orientações, um casal que sempre me apoiou nos estudos e também muito auxiliou a nossa família. Mantive o foco nos estudos e para isso abri mão das distrações joviais, estabeleci uma rotina de estudos entre escola, cursinho, estudos em casa e as aulas de dança, que muito contribuiu para que eu vencesse alguns medos e a timidez, coloquei em prática meu plano de ação.

Existem momentos na vida que precisamos priorizar, direcionar o nosso olhar, a nossa energia, nos movimentar para o que realmente vai nos levar a realizar nossos objetivos. Quando temos clareza do que queremos, mesmo que as tentações dos convites de colegas, amigos e familiares façam parecer que estamos perdendo outras oportunidades incríveis de "aproveitar a vida", como festas, diversão, alguns até tentam nos conduzir para o vício, mas conseguimos nos desviar do laço do passarinheiro, devido à clareza do querer, o saber da grandiosidade do seu sonho torna a jornada prazerosa, com grandes descobertas e aprendizagens.

A passagem bíblica em Salmos 91:3-7 *"Porque ele te livrará do laço do passarinheiro e da peste perniciosa..."* é bem conhecida, porém, analisando com mais atenção, descobri que o laço do passarinheiro é uma armadilha, feita com um laço de corda, com comida para pegar o pássaro despercebido. Naquela época, eu queria voar, de alguma forma eu sabia que através do estudo eu criaria asas, mas precisava estar muito atenta para não comer as migalhas e ser aprisionada pelo laço fantasioso da juventude.

Qual foi o resultado após tanto esforço e dedicação? Aprovação em duas universidades públicas, só Deus sabe o grande alívio e a alegria que tomou conta de mim de saber que poderia continuar estudando. Alcancei o meu objetivo, realizei o meu grande sonho, parecia que agora sim, eu sentia que a minha vida teria uma continuidade, ocupar a minha mente com um conteúdo direcionado para aprendizagem me trazia paz e um sentimento de segurança incrível.

Vivi o meu sonho intensamente, segui meus estudos na faculdade de Educação Física e lá, foram momentos de grande impacto e tomadas de decisões importantes. Mas, por várias vezes, mesmo realizando o meu sonho, me questionei o porquê escolhi aquela profissão se eu tinha tanta vergonha e timidez? Mesmo assim, questionando a mim mesma sobre as minhas próprias escolhas, a clareza que eu tinha naquele momento fazia eu persistir, desenvolvi habilidades e competências para ser professora.

Conclui a faculdade com a tranquilidade de estar bem colocada no mercado profissionalmente, eu estava empregada nas duas instituições que eu deseja trabalhar, entretanto o meu desejo por continuar estudando seguia em meu coração. Na especialização, descobri o universo da ergonomia e no ano de 2009, me candidatei despretensiosamente para o mestrado em Ergonomia, de uma Universidade em Portugal. Até então, nunca tive condições de viajar e, naquele momento, se tudo desse certo, a minha primeira viagem já seria para Europa. Para a minha surpresa, deu certo! E agora? É preciso coragem para viver o sonho!

Minha candidatura foi aceita e em menos de um mês eu teria que estar em outro país sozinha, sem nenhum conhecido. Entretanto, mais uma vez a clareza dos voos mais altos que eu queria fizeram a coragem ser maior do que o medo, tomei a decisão de ir. Fui questionada se fazia sentido aquele curso, pois na minha cidade parecia que ninguém sabia o que era ergonomia, para mim era claro, morava bem próximo do Pólo Industrial de Manaus (PIM) e via todas aquelas empresas e indústrias como oportunidades, mais uma vez apliquei os conhecimentos da matriz de SWOT.

Conclui o mestrado, retornei para Manaus, segui minha jornada profissional como discente, passei em concursos públicos, trabalhei em diferentes projetos, constitui minha família, casei com meu noivo que me deu total apoio de poder estudar, vencemos a distância e os rumores que não iríamos dar certo e juntos seguimos confiando no Senhor.

No ano de 2015, recebi a graça de ser mãe, essa jornada é sobrenatural e contribuiu sobremaneira para desenvolver o método que mais à frente apresentarei para vocês. A minha vida, assim como a sua, tem muitos fatos e histórias que nos trazem aprendizados e gerar um ser dentro de si é dom divino inexplicável no momento. Quando lembro das minhas histórias, vejo que durante as experiências vividas, meu pensamento é sempre direcionado a analisar as minhas ações: planejo, uso algumas ferramentas, analiso os recursos e crio estratégias para realizar o que preciso. Estou sempre em movimento e quando não tenho os recursos necessários, durante a caminhada é que eles vão surgindo.

Tem uma frase que acho muito interessante, ela é bem conhecida, do autor Antoine de Saint-Exupéry, *"Tu te tornas eternamente responsável por aquilo que cativas"*. Tinha o entendimento dessa frase na perspectiva das relações pessoais, mas neste momento te convido a parar um instante e refletir comigo: o quanto você está cativando o seu sucesso? Ou até mesmo: o quanto estás cuidando de você mesmo, cativando a si para ser o próprio responsável pelo seu sucesso? O olhar para dentro é um ato de muita coragem, muitas vezes precisamos do auxílio de pessoas, amigos ou até mesmo profissionais qualificados para nos ajudar nesse processo. Na minha jornada, busco a sabedoria dos bons conselhos.

O convite que te faço agora é para você conhecer um método que chamo de APP: a letra **A** é de **autoconhecimento,** uma possibilidade de perceber seus pontos fortes, suas vantagens e qualidades que podem estar meio esquecidas pelo caminho, isso é bíblico: *"Examine-se, pois, o homem a* *si mesmo..."* (1 Coríntios 11:28). Dessa forma, conseguimos mapear nossas ações e ter um entendimento mais claro do que precisamos ajustar para que sejamos assertivos e melhores. As duas letras que se seguem é o **PP**, de **pensamento positivo**, os pensamentos geram sentimentos que mobilizam as suas ações. Dessa forma, o autoconhecimento é uma jornada poderosa para que essa tríade de pensamento, sentimento e ações sejam assertivas ao longo da sua vida.

Essa sigla representa as três palavras que fizeram muito sentido quando olhei para a minha trajetória de vida e estudei a jornada das pessoas de sucesso. Podemos fazer a analogia desse método como o uso do aplicativo que baixamos: conhecemos as ferramentas e utilizamos as suas funções. Acredito que se você fizer uso do APP ele vai te impulsionar ao sucesso que você deseja, vai te ajudar para construir a ponte que liga o seu Eu de hoje com o seu Eu do futuro. Seja você o responsável pelo seu sucesso. Venci o medo conhecendo cada vez melhor a mim mesma, alimentando minha mente com pensamentos positivos que organizavam as minhas emoções direcionando as ações para o sucesso.

"

Nas tomadas de decisões do dia a dia é que construímos a ponte que liga o Eu de hoje com o nosso Eu do futuro.

Ana Dacciley Campos Lima

Ana Flávia da Silva Ferreira

Ana Flávia, 39 anos, casada com Alcy Martins, mãe de Miguel, Ana Beatriz e Luísa. Capixaba. Palhaça humanitária, palestrante e fundadora do Instituto Guardiões da Alegria.

Sou uma jovem mulher que fala sobre desenvolvimento humano e espiritualidade.

Empreender me deu a oportunidade de transformar a realidade de muita gente, isso me levou a ser visionária e inquieta. Nos últimos 10 anos, eu dediquei o meu tempo no autoconhecimento. Busco despertar as potencialidades pessoais e profissionais das pessoas, conectando-as com seus valores e propósitos.

Hoje sou uma encorajadora de resultados e um dos meus propósitos é incentivar você a lutar pelos seus sonhos.

Minha mãe Izabel é a minha maior inspiração, a ela dedico esse capítulo.

ferracina.oficial

guardioesdaalegria.oficial

(27) 99223-8329

F.É
FOCO E EXECUÇÃO

03

Por Ana Flávia da Silva Ferreira

A experiência da dor

Em algum momento da vida, todos passam pela experiência da dor, do sofrimento e da perda. Seja empreendendo, na vida pessoal ou emocional. Essa é uma realidade inerente à nossa condição de ser humano.

É questão de opção, ou você se prende ao negativo fazendo da dor um álibi para estacionar na vida, reclamando perenemente e contemplando-se como eterna vítima" ou "encara o sofrer de frente, saindo de perto daquilo que te queima, te critica, te faz ficar triste, te diminui e te faz sangrar, fuja da aparência do mal, você pode direcionar o agir para crescer com a dor e construir uma nova história.

E por que eu comecei este capítulo falando sobre a dor? Porque foi através dela que sou o que sou, ela me transformou, me lapidou e foi através dessa experiência que tudo começou e eu levantei o meu voo!

Entenda, as nossas vulnerabilidades são aquilo que nos une como seres humanos, foi vivendo a dor que passei a entender que o desafio da vida é saber encarar o fardo. Em 2010, passei pela maior dor emocional que o ser humano pode enfrentar, a perda de um filho.

Se você nunca teve a experiência de passar pelo parto normal, nunca saberá como é essa dor, se nunca levou um chute nos testículos, jamais terá noção de como dói um chute nos testículos. E se você nunca enterrou um filho, jamais terá noção do que é ser cortada ao meio, sem anestesia. Essa foi a sensação que senti no dia 28/12/2010, quando eu recebi a notícia que minha filha tinha partido de uma forma prematura.

Tirar ela do seu forninho (útero) quentinho e me despedir horas depois, colocando-a em uma cama fria, foi cruel demais. Vivemos um grande amor durante 8 meses de gestação e 12 horas de vida, tivemos a oportunidade de nos conectarmos nesse mundo físico. Foi desesperador pegá-la no colo e fechar os seus olhinhos pela última vez e logo em seguida seu corpinho lindo e perfeito eu tive que enterrar. E com muita FÉ superar.

Com Deus, experiências dolorosas podem ser transformadas em lindos voos no autoconhecimento. E se você precisa de uma mão amiga para te ajudar a trilhar a jornada do caminho do medo, acaba de encontrar, por isso eu não podia deixar de homenageá-la aqui, foi na sua vinda que tudo se transformou aqui dentro.

Vamos lá! Primeiro, é preciso entender o que é, de fato, a dor. Trata-se de uma resposta nervosa a um estímulo físico. Essa resposta se dá por meio de ligações cerebrais que ocorrem através de neurônios. A dor emocional é um sintoma subjetivo, cuja intensidade varia muito de pessoa para pessoa. Existe uma unidade de medida, conhecida como "del", que calcula os níveis de dor. Segundo pesquisas, o corpo humano consegue aguentar aproximadamente 47 dels. Partindo disso, para se ter um meio de comparação, estabeleceu-se que o parto normal causa 57 dels, o equivalente a sentir 20 ossos sendo quebrados de uma só vez.

Por mais que tenhamos razões para estacionarmos na dor, somos nós quem decidiremos o que faremos com ela. Nós escolheremos a maneira de enxergá-la e direcioná-la. A dor pode ser uma rica oportunidade para crescer e descobrir-se. Cada fragmento de nossa história se constitui como uma possibilidade, uma experiência a ser somada na construção do que somos. Contemplando assim, subtraem-se os fracassos e adicionam-se os aprendizados.

Sua história conecta, sua potência entrega, sua experiência ou bagagem geram transformação no ambiente que você está. Muitas vezes, em algum momento da vida temos que aceitar uma realidade difícil, algo que você não gostaria que tivesse acontecido. É preciso encarar a realidade como ela é.

Esses aprendizados me levaram a palestrar para mulheres empreendedoras. Um dado importante sobre o empreendedorismo feminino: de acordo com números divulgados pelo StartSe (Ano), há 24 milhões de mulheres empreendedoras, enquanto os homens são representados por 28 milhões. Nos últimos anos, o percentual passou de 38% para 45%, motivado por uma busca de autonomia, independência financeira e emocional. Imagine o impacto positivo no empreendedorismo quando essas mulheres entenderem a sua verdadeira identidade!

Enquanto você não souber quem você é, o mundo te convencerá de quem você deve ser, assim eles controlam o que você pensa, sente, faz e acredita. A resposta é o autoconhecimento. O segredo é você. Você precisa ser você, isso te faz um ser único. Se a sua essência é a bondade, a simplicidade, a felicidade, essa será a sua força, será a sua potência, entende?

E se você se sente em um círculo no meio de tanta gente quadrada, talvez o seu melhor lugar também seja a zona de desconforto e você está insistindo em não sair do lugar. É nessa zona que as coisas extraordinárias acontecem. Lá somos inconformados e imparáveis. Somos livres, vemos o mundo de um outro ângulo.

Nesse capítulo você vai contar com ferramentas que vão servir como instrumentos para você colocar a mão na massa e alcançar altos voos para a zona do desconforto e o planejamento será a sua base para fazer acontecer.

Assim como a maioria das empreendedoras, eu também vivi o momento de dúvidas, de medo e angústia. Eu sabia que a minha transformação viria quando eu perdesse o medo de expor a minha verdadeira identidade, e essa transformação veio através da dor, a dor do silêncio, do vazio, do encarar o Eu, de ficar frente a frente comigo. Autoconhecimento dói, empreender dói, mas com o passar dos anos fui me descobrindo.

Casei-me com 23 anos e realizei o meu maior sonho de ser mãe em 2009. Com o passar do tempo, outros sonhos foram surgindo, o de empreender foi se fortalecendo. Venho de uma família solidária e empreendedora, então essa paixão começou a queimar em meu coração, embarquei nesse universo de palestras e conheci a minha mentora a Tathi Deândhela, ela tem uma frase que eu amo: "Nada fala mais alto do que os nossos resultados". Então comece agora!!!! Aprenda com quem é acima da média.

→ Seja acima da média;

→ Proporcione valor às pessoas;

→Transmita sua mensagem com técnicas da comunicação;

→ Esteja disposto a entregar algo de valor;

→ Desafie-se.

Enquanto você ficar aí pensando que sua família não te apoia, no que os seus amigos vão pensar se você fracassar, te digo com total certeza que pensando assim você vai continuar na mediocridade, não vai alcançar resultados e nunca chegará a conhecer o extraordinário. É por isso que eu criei o movimento F.É – Foco e Execução.

Alguns pilares desse movimento são: ter consistência, testar, errar e aprender.

É momento de ser quem as pessoas precisam.

O primeiro grande ponto: dedique-se a algo que você goste verdadeiramente, ALGO QUE FAÇA SEUS OLHOS BRILHAREM. Esse é o primeiro passo para o sucesso! Seja Luz onde Deus te colocar! Se tem conhecimento, compartilhe! Já pensou se eu não tivesse enfrentado o medo de me expor, por ser uma palhaça? Eu não estaria no ambiente hospitalar transformando vidas através do meu conhecimento.

Então pense comigo:

1 – Os sábios têm o futuro nas mãos, os tolos estão nas mãos do futuro;

2 – Dinheiro é o que você deixa nas mãos. Riqueza é o que você deixa no coração;

3 – Sua condição não define quem você é.

Entendeu? Minha situação atual não define o meu futuro. Sou autoimune, desenvolvi 5 doenças autoimunes devido a decisão que eu tomei de colocar silicone há 5 anos. Hoje sou explantada, mas devido ao tempo que demorei para descobrir que era o silicone o problema, eu fiquei com sequelas. Durante quase toda minha vida, o que mais ouvi foi: "Você é forte, tão corajosa!!". E nesse momento de fragilidade em minha vida vejo o quanto realmente fui, precisei ser forte. Procurei ver beleza em toda a minha trajetória até aqui.

Ser empreendedora autoimune é mais difícil ainda, pois nesse tempo, uma menina cheia de sonhos e energia estava morrendo em cima de uma cama, sem forças, sem energia, atrofiando. MAS UMA DECISÃO MUDOU TUDO, EU DECIDI TRIUNFAR, não aceitei a minha situação, me indignei com ela. Você só terá mudança quando se indignar. Quando você decide mudar, você sai da zona de conforto. Busque o autoconhecimento e não se engane, ele vai fazer você olhar principalmente para onde você detesta olhar, vai doer, porque muitas vezes não é fácil descobrir quem é você de verdade, mas a transformação vai acontecer.

Não cobre perfeição de si mesma, você precisar errar, arriscar e perder. De vez em quando, precisa ouvir e dizer "não", saber que às vezes as coisas demoram a dar certo e se tudo isso acontece é porque você está agindo. Não coloque o prazer da sua existência na pessoa que você quer se tornar. Mas no trajeto, você cria e recria, para chegar lá. Então é necessário você tomar a decisão de dominar o que você veio fazer aqui.

Hoje minha real identidade tem uma alma de criança e se chama Ferracina e seu nariz vermelho é a parte mais atraente de seu corpo, ela tem um lindo propósito: o de tocar o coração das pessoas. Ela já ficou exausta de carregar bagagens que não eram suas, descobriu o poder de dizer não, já compreendeu faz tempo que o peso de tentar ser perfeita é o peso de não ser de verdade, entende que quem tem medo do ridículo se afasta do extraordinário e hoje, respira o prazer de ser honesta consigo mesma. Se tem uma coisa que ela acredita é no poder dos RECOMEÇOS e das cicatrizes de suas batalhas, nasceram asas.

A grande lição é que na vida teremos aflições e para vivermos o extraordinário, mesmo em meio à dor, depende de como encaramos o processo diariamente, em cada novo desafio. Então pratique o jogo da antifragilidade, abrace as oportunidades de encarar o seu lado lúdico, nunca esqueça que uma vida melhor não depende de atitudes complexas, grandes mudanças podem ser promovidas a partir de micro passos. Perceba, a minha doença NÃO foi desculpa, ela é a razão por eu estar aqui.

E como toda travessia requer movimento, movimente-se, estacionamento foi feito para carro, não para você.

Se dê uma nova chance, porque ela pode mudar a sua história e todo o resto da sua vida.

Agora é com você!

Nunca esqueça: A FÉ CONSTRÓI HISTÓRIAS EXTRAORDINÁRIAS.

“

A fé constrói histórias extraordinárias.

Ana Flávia da Silva Ferreira

Beatriz Rocha

Beatriz Rocha é empreendedora, palestrante, *coach* e mentora de líderes. Pós-graduada em Dinâmica dos Grupos pela SBDG com MBA em Gestão Empresarial e Gestão de Pessoas pela FGV. Analista comportamental DISC e *Assessment Janusian*; *Practitioner* em PNL, com várias formações de *coaching*, inclusive com certificação internacional.

Atuou em empresa de grande porte durante 20 anos em cargos de gestão, nas áreas de Relacionamento com Cliente e RH. Por 10 anos, fez trabalhos voluntários em postos de assistência à comunidade e foi integrante do grupo SóRia, como Dra. Alegria no Hospital do Câncer e Santa Casa.

beatrizrocha.coach
Beatriz Rocha
beatrizrochacoach@gmail.com

COMO REAGIR DIANTE DA ADVERSIDADE

04

Por Beatriz Rocha

Sim, a adversidade pode ser favorável

Começo fazendo uma pergunta para sua reflexão: você já caiu? Se caiu, ficou muito tempo no chão chorando e lamentando ou se levantou rapidamente? Qual seja sua resposta, estas linhas podem ajudar ou até mesmo inspirar você de alguma forma. Uma história onde mostra que a adversidade, por várias vezes, me levou ao chão, mas também à superação. Menciono neste capítulo três palavras importantes, que fizeram toda a diferença na minha vida e podem fazer na sua também: Fé, Perseverança e Resiliência.

Foi em julho de 2017, um mês após o último suspiro de minha mãe, meu marido decidiu mudar de Cuiabá/MT para Rio Verde/GO. Foi como ter arrancado o chão debaixo dos meus pés. Havia acabado de perder a minha mãe com câncer e agora ficaria longe do meu pai, irmãos, demais familiares e amigos. O impacto disso em mim? Foi como uma bomba, o emocional abalado e agora o físico em colapso, pois havia dor por todo o meu corpo, do alto da cabeça à planta dos pés.

Quando falo de cair, não é só daquele tombo que te leva ao chão, falo do impacto emocional que sofremos ao longo da vida diante das situações que somatizamos. O corpo fica de pé, mas a alma dilacerada e sangrando com feridas abertas, as quais devemos tratar. Por isso caro leitor, falo sobre fé, pois foi meu alicerce durante este período de sofrimento, angústia e dor.

Deus é Pai e me enviou uma missionária chamada Elaine Alves de Alcântara para me ajudar no meu lar, pois já não conseguia fazer as atividades rotineiras da casa. Meu corpo e a alma debilitados, estava totalmente apática e bem desanimada, sem desejos, sonhos e perspectiva de futuro, tomava 11 comprimidos por dia, dentre estes, 6 psiquiátricos. Foi assim que esta mulher valorosa e de fé me encontrou! Uma serva de Deus que não mediu esforços para me ajudar. Registro aqui minha eterna gratidão, pois se hoje estou viva e de pé, dou graças primeiro a Deus e em segundo a ela.

Elaine passou a ser minha pastora e carinhosamente falo que é o meu raio de sol. Eu nunca havia presenciado tamanha renúncia e amor vindo de um ser humano. Ela ficou sem comer e beber, nem mesmo água, em jejum absoluto durante 3 dias, por duas vezes e fez isso com intuito de interceder junto a Deus pela minha vida, foi quando ocorreu a minha conversão ao Cristianismo e, daí em diante, pude experimentar o amor de Deus. Motivo pelo qual, digo a vocês, independente do que te aconteça, persista, tenha fé e não desista de lutar, pois Deus sempre envia socorro quando menos se espera. Veja Hebreus 11:1 e Salmo 46:1.

O que eu quero te dizer é que você não está só, o socorro vem, no tempo certo. Na maioria das vezes, somos provados para lá na frente sermos aprovados e vai depender de como reagimos às adversidades. Contudo, devemos fazer a nossa parte, abrir a mente para deixar o novo entrar e permitir a mudança. Luther King dizia: "Se não puder voar, corra. Se não puder correr, ande. Se não puder andar, rasteje, mas continue em frente de qualquer jeito". Estar em movimento é importante para se sentir vivo.

Eu já estava bem, de pé novamente, voltando a minha vida normal sem tomar nenhuma medicação, mas a adversidade veio novamente com força total, em outubro de 2019. Recebi um diagnóstico inesperado, um presente de Deus! Deparei-me com um tumor cerebral - meningioma. Quando olhei a ressonância e vi no meu crânio uma imagem parecida com uma bola de Ping Pong, não entendi muito bem, talvez porque não quizesse acreditar e quando caiu a ficha, a primeira reação foi o choro. Eu tinha duas opções:

ficar chorando e lamentando ou encarar os fatos com atitude de fé! Escolhi a última.

O que fiz? Utilizei os recursos que estavam ao meu alcance. Iniciei uma campanha de jejum e oração durante 60 dias em prol da cirurgia e recuperação. Fiz o procedimento em São Paulo, pois o tumor estava em uma área profunda e delicada, eu poderia ficar com várias sequelas. O médico conseguiu retirar 100% do tumor e então iniciei o processo de recuperação. Ao chegar em casa, tive um mal súbito e pensei: vou morrer! Mas estava tendo uma crise de ansiedade. Sempre falo que a mente "mente", com conversas internas que não nos favorecem, eu estava com "medo do que estava por vir e preocupação em excesso do futuro", pensava: "E agora? Quem vai cuidar de mim? Eu não vou dar conta". Foram momentos bem difíceis que passei de dor e angústia. Sei que tudo passa! E a Bíblia diz que o choro pode durar uma noite, mas a alegria vem pela manhã (Salmo 30:5). Essa é uma certeza que devemos ter em nosso coração. Passaremos ora ou outra por adversidades, são inevitáveis e não temos controle sobre elas.

Te falo que o tumor cerebral me trouxe muita reflexão, ensinamentos e mudança de mentalidade, e por consequência, de comportamento também. Alterei meu estilo de vida, afinal Deus havia me dado uma nova oportunidade e agarrei-a com todas as forças e gratidão.

Compartilho a seguir conhecimentos que me ajudaram muito, além da palavra de Deus que é o meu alicerce. O princípio 90/10 de Stephen Covey é um conceito poderoso quando praticado. Trabalhar a mente gerenciando as emoções é fundamental para a saúde do corpo e da mente. Mas o que é 90/10? Os 10% é o fato que acontece, o qual não temos controle (exemplo: o tumor) os outros 90% é a forma como reagimos diante do fato, isso temos o controle e é uma questão de decisão/escolha. Podemos reagir de forma positiva ou negativa. O segredo é focar na solução e não na adversidade, prestar atenção nas emoções que estão surgindo e gerenciar os pensamentos para não enraizar sentimentos ruins.

Estes pensamentos nocivos devem ser confrontados, questionados e substituídos por outros que te impulsionem para a realidade desejada. Importante ressaltar sobre a resiliência: "levantar-se rapidamente, voltando ao seu estado natural", a exemplo da palmeira, que ao se deparar com vento forte, de forma flexível se curva, ao passar o vento, ela se levanta intacta sem quebrar.

Outro conceito é sobre Quociente de Adversidade (QA) e este é treinável. Pessoas que tem QA Alto conseguem reagir bem diante da adversidade, levantando-se rápido e com mais força do que antes, não se deixam ser afetadas por muito tempo, são realistas e encaram o problema de frente com foco na solução, aprendem com as quedas e não deixam expandir dentro delas os pensamentos nocivos. Sartre dizia: "Não importa o que fizeram com você. O que importa é o que você faz com aquilo que fizeram com você." Ou seja, como escolhemos reagir diante da adversidade. O ser humano tende a ficar ruminando perdas, mágoas e frustrações com pensamentos negativos.

Digo, a adversidade me fez mais forte, decidi me amar mais, mudei minha mentalidade e a forma de reagir aos fatos. Então, além do conhecimento é importante decidir mudar. Se fizer sentido para você, busque conectar-se com Deus e ativar sua fé; estabeleça um propósito de vida (pergunte-se: que legado deixarei? Que contribuição? Defina um objetivo em mente e elabore seu plano de ação; verifique quem pode te ajudar a ter foco e disciplina; aprenda com o erro e avance; ao invés de "tentar", faça! Saiba que em busca do ótimo não se faz nem o bom; faça pequenas ações diariamente e viva um dia de cada vez.

Foi assim que me levantei para viver uma nova história. Comecei caminhando 1km e já me fatigava, o início é lento, demorado e às vezes não se vê grandes resultados, mas tudo com paciência, perseverança e objetivo em mente, se vai longe. Passei também a pedalar (*mountain bike*) e fiz 70 km. Acrescentei hábitos importantes, nunca havia feito musculação e não gostava de academia, mas para alcançar meu objetivo "**envelhecer com saúde e movimento**", passei a amar, a fim de fortalecer meu corpo.

O novo hábito me possibilitou começar a correr, fui aos poucos rompendo barreiras mentais e cada dia corria mais, fiz a primeira corrida de rua de 5km e disse pra mim mesma: eu quero correr do início ao fim sem caminhar. Assim fiz, minha mente me remetia o tempo todo ao que eu havia decidido, mesmo cansada, não parei enquanto não vi a faixa de chegada. Que incrível é cruzar a chegada! Terminei a prova com uma sensação indescritível de vitória e superação, só eu e Deus sabia o que significava aquele momento, mas não parei por aí. Pensei: se consegui 5km, posso mais, ousei-me a fazer a prova de 10km com o mesmo pensamento de correr sem parar. E qual foi o resultado? Cruzei novamente a linha de chegada e a sensação foi novamente indescritível. Percebam, há dois anos eu estava em uma cama me recuperando de um tumor cerebral e não fazia atividade física, a palavra que vem a minha mente é gratidão!

Busco hoje inspirar pessoas a acreditarem que é possível mudar a mentalidade, inserir novos hábitos e realizar seus objetivos através do poder da decisão. E eu posso te ajudar a organizar tudo isso de forma estruturada. Dalai Lama já dizia: "...o homem perde a saúde para juntar dinheiro, depois perde o dinheiro para recuperar a saúde. Vive pensando ansiosamente no futuro, de tal forma que acaba por não viver nem o presente nem o futuro. Vive como se nunca fosse morrer e morre como se nunca tivesse vivido." Forte né? Pergunto: Você se ama? Ou melhor, o quanto você se ama?

O alerta aqui é para o amor-próprio, preste atenção aos sinais do seu corpo, cuide-se, blinde suas emoções, alimente-se melhor, durma um sono de qualidade, exercite-se, sorria mais, conecte-se com as pessoas e com Deus! Mente, corpo e espírito equilibrados. Henry Ford dizia: "Se você pensa que pode ou se pensa que não pode, de qualquer forma você está certo". Então, o que você está esperando para começar sua nova história?

Augusto Cury, em seu Livro Gestão da Emoção, ressalta: "...Só se muda a história escrevendo outra, e não anulando a anterior." O que de fato precisa acontecer para você entrar em movimento e agir? Não espere mais, faça hoje algo por você e por alguém! Após a luta vem a vitória, assim eu creio. A Bíblia diz que somos mais que vencedores. Faça o sol da existência brilhar na sua e na vida de alguém e conte comigo para te ajudar.

"

A adversidade pode te levar ao chão ou à superação, escolha se levantar rápido e com gratidão.

Beatriz Rocha

Betânia Moura

Sou Betânia Moura, confio a Deus toda minha vida, sou filha de Arnóbio e Milza, a primogênita de quatro irmãs. Esposa do José Guirra, mãe de Maria Eduarda e José Alexandre.

Professora por formação e opção, apaixonada pelo que faço, vejo minha profissão como um meio de semear sonhos, tocar vidas e transformá-las. Pedagoga, psicopedagoga, neuropsicopedagoga, mestre em Educação. Com artigos publicados em revistas e um livro recentemente lançado.

Aprecio boas amizades, uma boa conversa, um bom vinho, livros, estudar, viajar, estar entre amigos, com a família e com meu amor.

betania.moura.35

(74) 98124-8973

betania.moura@hotmail.com

DESAFIOS FAZEM CRESCER

05

Por Betânia Moura

Nasci em uma casa simples, num lugarejo chamado Genipapo - Saúde/Bahia. Morei uma parte de minha vida no campo, em uma propriedade pertencente ao meu avô paterno. A casa que habitávamos era grande, com o telhado em formato de quatro águas, pintada de verde clarinho e com portas azuis, localizada no alto de um pequeno morro, o qual permitia uma vista maravilhosa do mundo ao redor. Envolta de árvores frutíferas, aquele lugar era e continua sendo para mim um pedacinho do céu.

Quem mora no campo, acorda bem cedo, "levanta com os passarinhos". Vê o raiar do dia, pega o sol com a mão. Assim também era a nossa rotina: acordar cedo, moer o milho no moinho, peneirar, preparar a massa do cuscuz, enquanto isso, meu pai ordenhava as vacas no curral, o primeiro leite minha mãe cozinhava e servia no café da manhã com cuscuz e outras iguarias. Era o chamado café reforçado.

Morávamos no semiárido nordestino, nossa região era um oásis no meio do sertão, privilegiada com o ciclo regular das chuvas, trovoadas em dezembro, em maio, as chuvas de inverno. Com essa regularidade, meu pai tinha duas colheitas ao ano. Isso exigia dele esforço físico e rapidez na preparação das terras.

O trabalho do campo requeria a participação de todos, e também a nossa, ainda pequenas, já ajudávamos nas tarefas diárias. O sol era muito quente, quando o nosso pai percebia o cansaço, dispensava os nossos serviços. Assim crescemos, nessa labuta da vida do campo, muito trabalho, esforço físico, desde cedo, isso durou até os 13 e 16 anos de idade.

Foi no campo que tive o primeiro contato com a sala de aula. A rotina era acordar cedo, tomar banho, arrumar os materiais na sacola, tomar café e ir à escola. Íamos à escola a pé, eu e minha segunda irmã. Nesse trajeto, em contato com a natureza, colhíamos frutas, flores, admirávamos pássaros coloridos. Também encontrávamos obstáculos, por exemplo vacas paridas valentes e touros, dos quais corríamos com muito medo. Isso motivou, anos depois, nosso pai a comprar um jumento para nos deslocarmos, o percurso era perigoso, longo e cansativo. No caminho, encontrávamos os nossos amigos e dali seguíamos juntos. Detalhe: a escola não funcionava em um espaço público. Funcionava na sala da casa grande do Sr. Pedro Passos (pai da minha primeira professora). Chegávamos cansados descansávamos um pouco, brincávamos nos arredores da casa até o horário da aula.

A dinâmica da sala de aula era interessante, alunos de diferentes idades, dos pequeninos aos de 15,16 anos, até mais. Sentávamos enfileirados em cadeiras, bancos e tamboretes (pequenos bancos). Lembro-me que existia dois quadros negros na sala: em um deles, a professora escrevia os exercícios para os alunos "mais adiantados" e no outro, para os "alunos mais atrasados". A sala era multisseriada, uma modalidade de educação ofertada a quem habita no campo. Consiste em abrigar na mesma sala de aula, crianças de diferentes séries/idades e níveis diferentes de aprendizagem.

As aulas eram alegres, tudo que a professora ensinava era interessante, ela atendia a todos nós com bondade, boa vontade, gentileza e carinho, o que fazia daquele ambiente um lugar atraente e bonito. Na sala, não havia cartazes, figuras, motivos infantis, mas o ambiente era leve, arejado, iluminado e acolhedor. Raramente alguém faltava, exceto quando estávamos doentes. Naquela escola estudei do ABC a 2ª série.

Naquela escola comecei a estudar e entender o valor do conhecimento. A professora se desdobrava para atender uma turma com mais de 35 alunos. Em condições difíceis, faltava o básico, como caderno e lápis. Todo o material utilizado por nós era comprado por nossos pais.

Em 1978, a professora encerrou sua jornada de docente naquele lugar, tinha outras aspirações. Casou-se e foi morar em São Paulo. Aquele momento foi um corte para mim, uma grande perda. Meus colegas sentiram e eu particularmente senti mais, sofri, chorei tudo que uma criança chora quando perde algo valioso, estava perdendo a minha amada professora.

Mesmo assim, preparei uma homenagem com a ajuda da minha mãe, para que ela levasse consigo a minha lembrança e nunca esquecesse de mim. Aquele momento foi de muita dor, eu estava com o coração despedaçado, sofrido, triste porque minha primeira referência de educação escolar, fonte do conhecimento, estava indo embora.

Como ressalta Paulo Freire: *"Não se pode falar de escola, não se pode falar em educação, não se pode falar de sala de aula sem se falar de amor, da beleza, da boniteza de ensinar"*.

Qual foi o significado, a referência, daquela escola, da relação professora/aluna em minha vida?

Foi o **primeiro pilar, a base estrutural, a primeira representação social da escola que construí.** Mesmo com as dificuldades estruturais que enfrentava, estava lá a minha professora, dando o seu melhor. Com muito AMOR, construiu o significado, a significância de escola, de ser professora, a **sua ação** fez toda a diferença em minha vida. Quando me refiro a AÇÃO, não me refiro só ao conhecimento dispensado com muito esforço a todos nós. Mas acima de tudo, a beleza de como conduzia a sua prática, a sua postura, o seu porte profissional, o zelo, o cuidado no que ofertava.

Lembro-me quando ela escrevia tarefas em folhas de papel pautado para respondermos, eu observava a beleza de sua caligrafia, me esforçava ao máximo para fazer igual. As apresentações culturais que organizava, na época chamadas de "drama", tudo era organizado com beleza, requinte e riqueza de detalhes.

Tudo era encantador e em meu íntimo brotava o desejo, o sonho e eu pensava: "Um dia vou ser professora, serei assim como ela é". Tudo ali era maravilhoso aos meus olhos, fecho-os e sinto até hoje o cheiro daquela sala, o vento suave que entrava pelas janelas. O gosto do arroz doce servido no recreio. Sabor igual nunca mais provei.

Daquela vivência, daquela experiência, **nasceu** e se **consolidou a certeza, sem eu ainda saber, do meu perfil profissional.**

Saíamos da escola às 12 horas. Voltar para casa embaixo do sol quente, no pino do meio dia, com fome, medo do que íamos enfrentar pelo caminho, era a preparação para nos tornarmos fortes, resistentes, decididos, não nos rendermos.

Com a saída da professora, meus pais, com sacrifício, construíram uma casa na sede do município para darmos continuidade aos estudos. Eles desejavam uma vida diferente para nós. Cresci ouvindo a minha mãe dizer: "O primeiro marido da mulher é uma formatura". Isso me impulsionava a estudar, enfrentar a vida difícil, superar todos os obstáculos, buscar os meus sonhos, mesmo aqueles que eu julgava difíceis, impossíveis, inatingíveis. Como diz Walt Disney: *"Se você pode sonhar, você pode realizar"*.

O primeiro deles: formar-me professora. Em 1987, a consolidação desse sonho, conquistado com muita luta. Os recursos eram escassos. Formar-se professora em uma cidade do interior, era uma grande conquista. A menina da escola do campo, agora era professora formada. Fiquei entre os melhores, a nota do estágio foi excelente. Mas eu queria mais.

O sonho continuava, eu desejava fazer uma faculdade. Nesse percurso, namorei, casei em 1994, mudei de cidade, estudei e passei em quatro concursos, desses, assumi dois. Em 1998, outro passo: comecei a primeira graduação, Pedagogia. Com dificuldades semelhantes às da infância, pois já lecionava o dia todo e à noite estudava. Agora não mais a pé, mas de ônibus, percorria 50 km para chegar à faculdade. Enfrentando agora o medo e os perigos de uma BR movimentada, não mais dos animais valentes que encontrava pelo caminho.

Foram quatro anos de empenho e renúncias. Saia às 18h, chegava às 0h40, 1h da madrugada, salvo quando não tinham acidentes que obstruíam a pista; aí, só chegava em casa às 3, 4h da manhã. Fazia um rápido descanso para acordar às 6h da "matina", pois às 7h30 já estava em sala de aula. Era uma rotina exaustiva. Mas nunca pensei em desistir. Buscar o conhecimento me fascinava, eu queria mais. Aprendi desde cedo a ser forte, resistente, lutar pelo que queria. A história se repetia, em contextos diferentes. Mas eu precisava exercer com excelência a minha profissão, dando o meu melhor, semelhante a minha primeira professora.

Concluída a primeira graduação, fiz várias pós-graduações e uma segunda graduação em Educação Física. Com dois filhos pequenos, ainda sonhava com o mestrado, que iniciei em meados de 2010, o qual defendi fora do país. Para vencer, precisei ter fé, determinação, coragem. A busca, os sonhos continuavam...

Nessa caminhada, professores marcantes eu conheci, em muitos ombros me apoiei, muitas referências construí. Sempre acreditei que podia conquistar, realizar muito mais do que as condições me permitiam. A música de Almir Sater traduz bem o meu pensamento: "*...Cada um de nós compõe a sua história, cada ser em si carrega o dom de ser capaz, de ser feliz ...*" como acredito no que diz essa afirmação: "*Aprendi com os desafios, vencer, acreditar em dias melhores...*" Realizar os meus mais sagrados sonhos. Levo muito a sério minha profissão, era tudo que eu queria ser, quando crescesse.

Acredito que nascemos para ser feliz, vencer obstáculos, superar os limites que a vida impõe, realizar nossos sonhos. O que nos faz fortes são as tormentas que passamos. Se cheguei até aqui, foi porque olhei nessa direção, acreditei que era possível, lutei bravamente todos os dias para conquistar a posição que ocupo hoje de professora, graduada, pós-graduada, mestre em Educação. Feliz, realizada com o que faço: trabalhar com pessoas, contribuir para despertar sonhos, tocar e transformar vidas por meio da educação.

Finalizo com a frase de Henry Ford: "*Se você pensa que pode ou se pensa que não pode, de qualquer forma você está certo*". Se você quer mudar alguma coisa na sua vida, primeiro você precisa pensar que pode, tudo passa primeiro na nossa mente. Se eu quero melhorar algo, preciso escolher acreditar nessa melhoria ou na mudança que almejo, tudo que você precisa está dentro de você, **pensar** e **acreditar** que você **PODE** é a **FORÇA MOTRIZ** para a realização de qualquer que seja seu objetivo ou sonhos considerados impossíveis.

Aprendi com os desafios vencer, acreditar em dias melhores...

Betânia Moura

Carla Conti

Sou mãe do Luiz, da Malu e professora de gente grande com quem gosto de rir, ler e compartilhar histórias! Mantenho firme meu objetivo de conectar pessoas, abrir caminhos, andar junto, vibrar com as conquistas e encorajar os sonhos. Escolhi ser alguém que ajuda pessoas a fazer escolhas, a transformar vidas com o conhecimento e a compartilhar com o mundo quem são.

Há anos, exerço cargos de liderança e docência no ensino superior. Hoje, sou uma peregrina que já percorreu vários caminhos, mas, muitos me conhecem como escritora, professora e palestrante da área de linguagem e educação, com um pezinho na tecnologia.

carlaconti.oficial
Carla Conti de Freitas
www.carlaconti.com.br
+55 (62) 98563-8724
carlaconti.oficial@gmail.com

CAMINHO DE CORAGEM

06

Por Carla Conti

Eu nunca pensei que seria uma pessoa inspiradora. Cheguei a ouvir que não seria um bom exemplo para as amigas da minha idade, quando fiquei grávida aos 17 anos. Pensei que ficaria sem um emprego quando perdi a minha primeira sala de aula porque já era mãe. Nem pensava em ter uma carreira e sim um emprego. Aos 19 anos, fui aprovada no meu primeiro concurso público. Com o problema do emprego resolvido, tive condições de conciliar o meu trabalho de professora com o estudo e com outras experiências no setor privado. Hoje, tenho uma carreira consolidada em uma instituição de ensino superior e há alguns anos em posições de gestão.

Mas, nos últimos anos, sentia que algo não ia bem. Estava tão sem paciência com as pessoas, que antecipava a fala delas, não as ouvia, não acreditava em ninguém e ficava irritada com situações que não dependiam de mim. Além disso, não conseguia olhar com esperança para as pessoas que compartilhavam seus dias comigo, nem para o futuro daquele lugar. São muitos os fatores que podem levar os líderes ou os empreendedores, por exemplo, a desacreditarem dos negócios. No meu caso, penso que foi um conjunto de situações relacionadas ao mundo corporativo que me afetaram profundamente. Ah, mas essas histórias são contadas em outros livros!

Traduzi esse meu sentimento como "*do lugar onde estou, já fui embora*", um verso de Manoel de Barros, que passou a constar no meu dia a dia como um mantra. Sentia que aquele não era mais o meu lugar e isso me deixava aflita. Parecia até ingratidão. Estava na posição que eu havia escolhido, trabalhei e estudei muito para estar ali. Gostava das pessoas e me sentia útil. Sabia que meu conhecimento era importante. Mesmo assim, deixei-me afetar por situações e condições fora do meu alcance e, de repente, me vi incapaz de continuar. Mas, e o compromisso que eu havia feito com aquelas pessoas? E o compromisso que havia feito comigo mesma?

Naquele momento, não poderia, simplesmente, sair, pois, havia um objetivo maior do que a minha própria vontade. Mas, queria ir para longe dali, desocupar a mente, estar em um lugar onde ninguém me conhecesse. Eu queria mesmo era fugir! Queria ir para um lugar onde eu não fosse a líder, a referência, onde eu não tivesse que resolver problemas, pensar nos outros, fazer escolhas. Queria alguém para me guiar.

Decidi que precisava fazer algo que me levasse ao encontro da líder animada, alegre e esperançosa que habitou em mim algum dia. Busquei um *hobby* ou um interesse que pudesse me tirar dali, mesmo que por curtos intervalos de tempo. Fui caminhar! Para isso, ingressei em um grupo de caminhadas de longo curso. Quer saber como uma gestora, uma professora universitária e funcionária pública foi parar no ponto de partida de trilhas de longo curso?

As trilhas ou caminhadas de longo curso são também chamadas de peregrinação e podem ser realizadas em grupos ou individualmente. Isso depende da experiência ou da coragem do peregrino. Mesmo em grupos, a caminhada é sempre individual, pois, embora saiam todos juntos, cada um caminha no seu ritmo. É comum ver um grupo de peregrinos saírem juntos e logo uns tomam distância do grupo, outros ficam para trás. A regra principal é: respeite-se e siga a sinalização do caminho! Dependendo da distância a ser percorrida, há pontos de encontro do grupo para um lanche rápido, abastecer as garrafas de águas, descansar ou mesmo passar a noite.

Caminhar em grupo tem muitas vantagens. Para mim, a maior delas são as amizades que transcendem os caminhos. Imagina que você passa horas com uma pessoa por perto e que, mesmo que você não a conheça bem, é com aquela pessoa que você poderá contar se tiver alguma dificuldade. Algumas pessoas gostam de conversar ao longo do caminho. Não é o meu caso, eu converso pouco durante os trajetos. Ou converso ou caminho, porque os dois ao mesmo tempo me cansam muito. Prefiro sentir e observar o percurso que acolhe a líder que queria ser liderada e faz nascer uma líder peregrina.

Escolhi as caminhadas de longo curso porque não queria andar no parque em rotas de 5 km, para relaxar e me exercitar. Aliás, na região onde eu vivo há muitos parques. Goiânia, por exemplo, é umas das cidades brasileiras com maior área verde por habitante. Inhumas, onde eu moro, tem parques, lagos e trilhas do Caminho das Goiabeiras. Mas, abri mão dessas comodidades e pus o pé na estrada.

Parti para ação! Comecei participando de caminhadas de uma manhã. Depois, de dois dias, até encarar e percorrer trechos mais longos como o Caminho de Cora Coralina, que tem um percurso de 300 km e fica na região central de Goiás; o Caminho de Caravaggio, com 200 km de extensão e que passa pela Serra Gaúcha; e o trecho do Caminho de Santiago de Compostela, saindo da cidade do Porto, em Portugal, no qual também se percorre 200 km. São muitas histórias que sigo contando e escrevendo.

A melhor forma que encontrei para mostrar como eu saí da situação na qual eu me encontrava, foi relembrar de quando eu percorri o Caminho de Cora Coralina. Na verdade, eu não encontrei o que eu buscava com as caminhadas de longo curso quando fiz o Caminho de Cora Coralina, eu me reencontrei nele ao refletir sobre as decisões que tentei evitar, das quais eu tentei fugir.

No percurso, construí um caminho único, traçado pela força das minhas pernas e pela firmeza dos meus pés. Um caminho desenhado pela natureza perfeita e captada pelo meu corpo. Meus olhos se desesperaram com a tamanha beleza do cerrado. As aves, o vento, as águas ensinavam aos meus ouvidos novos acordes, assim como o cheiro das árvores, da terra e dos animais acordavam as minhas memórias de infância. Os frutos do Caminho indicavam fartura e ineditismo para aqueles que só os conheciam por belas fotografias. As mãos encontravam nos galhos, nos barrancos e nas pedras suporte para os próximos passos. A pele sentia o calor do sol do final de cada manhã, depois de horas de caminhada e, às vezes, gritava pelo atrito dos calçados ou pelos arranhões de gravetos. Fui assim, construindo o meu Caminho de Coragem.

O Caminho de Coragem, ao despertar a minha curiosidade, reforçou que aprender sempre é a melhor maneira de sair de uma situação difícil, seja na vida pessoal ou profissional, como o *lifelong learning*. Esse processo nos permite sair de onde estamos e vislumbrar novas possibilidades para solucionar problemas e inovar em qualquer situação.

Foi construindo esse caminho que resgatei a noção de que o conhecimento vale muito para o time. Parece simples, mas será que percebemos o que as pessoas ao nosso redor sabem, descobriram ou aprenderam e que podem colaborar para resolver uma situação de crise? Será que estamos dispostos, na pressa por respostas rápidas, a ouvi-las, a interagir com elas e oferecermos um ambiente seguro e de confiança para fazermos as escolhas?

Percebi também o quanto as renúncias são necessárias para que as dificuldades sejam deixadas de lado e outras portas sejam abertas. Renunciamos a algo valioso, às vezes, para dar lugar a novas experiências e possibilidades. Isso vale para diversas situações da vida. Aqui, estou me referindo a situações profissionais, mas isso pode perfeitamente ser considerado em situações pessoais, como a casa que não nos cabe mais ou os relacionamentos que nos aprisionam.

As ideias e possibilidades geradas pela curiosidade, interação, colaboração e pelas renúncias que decidimos fazer, não valem de nada se não se transformam em uma ação que parte do real desejo de mudar as condições. A ação deve ser embasada nos conhecimentos e na disposição de todos para fazer acontecer e criada a partir da experiência e das escolhas feitas em conjunto. Uma vez que a tomada de decisão deve ser papel de todos, a preparação para que isso seja possível envolve essas quatro condições: a curiosidade, a outrospecção, a renúncia e a ação, que devem ser motivadas, encorajadas e oportunizadas por um líder que permita ressurgir o que há de melhor em cada pessoa do seu time.

Essas reflexões, ao longo do caminho, foram tomando forma na medida em que, ao observar a rotina, as relacionei ao dia a dia da líder. Para realizar as trilhas de longo curso, eu precisei estudar o caminho, ler os mapas, saber das condições de tempo, de altitude, despertar a curiosidade que nos move à pesquisa e ao conhecimento. Precisei também ouvir outros peregrinos, suas experiências, confiar na guia sob pena de, no mínimo, ficar perdida. Além disso, colaborar quando percebia que meu conhecimento poderia ajudar, ser proativa, inovadora. Imaginem o quanto de tecnologia tem na vida de um peregrino que sai para andar por aí!

O mais profundo para mim foi aprender a deixar. A renúncia é uma escolha. Escolhi deixar minha casa, minha cama, minha rotina – queria fugir, não é mesmo? Bagagem enxuta, os itens contados, nada além do necessário, pois descobri o que é literalmente carregar o peso nas costas! Fui e voltei transformada.

Não é a minha intenção convencê-los a sair por aí andando muitos quilômetros, mas se decidirem fazer isso, podem exercitar a sua curiosidade comigo! Acredito que as experiências compartilhadas geram o desejo de autoconhecimento e o resgate da confiança em pequenas transformações, que geram força para tomar decisões, aprender, gerar e compartilhar conhecimentos, pois, assim como aprendi sendo peregrina, a meta é chegar no final do caminho, mas é o percurso que nos ensina e encanta.

Ao retornar para aquele lugar que era de fuga, percebi que ele se tornara um lugar de reencontro com a singularidade, a minha e a dos outros, com os valores que me constituem e que, às vezes, ficam escondidos nas durezas do dia a dia. Isso fez diferença na minha vida e desejo que esses e outros reencontros façam diferença na vida de outras pessoas, pois, é na certeza de inspirar as pessoas a terem experiências melhores por meio das histórias, que eu decidi compartilhar a minha para que cada um construa e percorra o seu próprio Caminho de Coragem.

“

A meta é chegar no final do caminho, mas é o percurso que nos ensina, inspira e encanta.

Carla Conti

Carla Dimarães

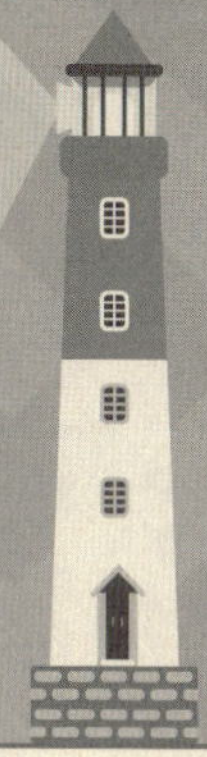

Filha de Deolinda e Nancy, nasci em Minas Gerais e mudei para o Norte aos 11 anos. Menina sonhadora, divertida e alegre, desejosa de tornar o mundo um lugar melhor.

Mãe da Clara, sou apaixonada pela vida, amo viajar, aprecio uma boa comida e uma boa conversa, considero que viver é uma das maiores aventuras que podemos experimentar.

Graduei em Psicologia (UFAM) e me especializei em Psicologia Clínica e Logoterapia. Mestrado (PUC-RJ). Coach – Febracis.

Docente desde 2005, voluntária no Plantão Psicológico na Fazenda da Esperança.

Atuo na Clínica Psicológica, sou palestrante, mentora em Psicologia e *coach*.

Minha missão é ajudar as pessoas a serem melhores!

carladimaraes
Carla Dimarães
carlacsdimaraes@hotmail.com
(92) 98156-5659

O DESVELAR E O REVELAR DE UM EU...

07

Por Carla Dimarães

De repente, eu...

Somos lançados no mundo através do nosso nascimento. Somos tão únicos, que cada um de nós tem a data e a hora específica do nascimento. Então, passamos pela experiência de nascer, de vir ao mundo, de pertencer a ele, de receber um nome e sobrenome, uma identidade, uma família. Tudo parece estranho, choramos, sendo essa a primeira voz que lançamos ao mundo e somos acalentados pela doce voz de nossa mãe que nos ampara.

Dessa maneira, acessamos o novo, as primeiras vivências fora do ventre e apreendemos o mundo através dos nossos sentidos, tudo é muito diferente do ventre. Inicialmente, essas experiências estão para fora de nós e nos parecem caóticas e estranhas, e aos poucos irão fazer parte da nossa subjetividade, de quem somos e de quem ainda seremos. Começo a me constituir com o outro e comigo mesmo.

Sou a segunda filha do casamento dos meus pais, meu primeiro irmão nos brindou com a oportunidade de viver apenas algumas horas entre nós, em sua breve missão na terra e certamente brindou meus pais com a felicidade do seu nascimento. Eu fui muito esperada e desejada por eles, meu nascimento foi coroado de muitos cuidados e amor, por todos ao meu redor. Minha mãe afirma que eu era a alegria da família, com meu jeito doce de ser, era peralta e muito curiosa, essa foi a família que escolhi.

Compreendemos "família" como sendo o nosso primeiro grupo social e temos a possibilidade de vivermos com eles experiências únicas, positivas ou negativas, que constituirão nossa existência, estarão gravadas em nossas memórias e farão parte da nossa história.

Sou de uma família simples do interior de Minas Gerais e me orgulho muito dos meus pais, dos meus avós e meus irmãos. Tive experiências únicas na infância, que me constituíram como pessoa. Tenho recordações muito vivas das férias na casa da minha avó e de todas as peraltices que eu realizava com as minhas tias, era um mundo de fantasias e alegrias que coroaram a minha meninice. Foram momentos únicos, despertando sonhos de um mundo bom, alegre, feliz, feitos de amigos, de cuidado e muitas risadas.

Meus pais se separaram aos meus 6 anos e parecia tudo estar dialogado e compreendido entre nós. Meu pai construiu outra família e minha mãe também. Eu confesso ter vivido experiências estranhas nessa época, mas que não conseguia compreender muito bem. Transitava aos fins de semana na casa do meu pai e retornava para a casa da minha mãe, vi meus irmãos nascerem e crescerem. Aos 11 anos, nos mudamos de Minas e fomos para Porto Velho. Despedimo-nos e partimos.

Em Porto Velho, sofri muita estranheza e, aos poucos, fui me adaptando e fazendo muitos amigos e amores, que hoje carrego todos em minha memória. No condomínio da adolescência, realizamos muito, brincamos, nos divertimos e compartilhei momentos ímpares, rodeada de amigos. Comecei a experimentar muitas perdas: da infância, da convivência com meus familiares, namoros terminados, paixões não vividas.

Na fase adulta, fui para Manaus, sozinha nessa cidade e embalada pelo sonho de ser psicóloga, estava entusiasmada em crescer e evoluir. Após alguns anos, sofri uma das piores dores que a minha alma experimentou até aqui, perdi minha mãe! Confesso que foram muitos anos de um luto mal vivido, que me tornou uma pessoa estranha e muitas vezes amarga, devido à falta, ao abandono, ao vazio, à falta de sentido. Senti que o meu barco não tinha mais um porto seguro para atracar, era embalado pela dor que sentia na alma, um vazio, nada mais fazia sentido. Talvez os sonhos tivessem, naquele momento, morrido.

Minha irmã Rafaela, veio morar comigo aos seus 11 anos, a responsabilidade e o cuidado com ela trouxeram movimento para a minha vida, naquele momento de perda da nossa mãe. Ao longo dos anos, nos tornamos mais que irmãs, amigas, cúmplices, um amor inexplicável entre duas pessoas, com um requinte de maternidade, confesso.

Conheci pessoas incríveis aqui e que levo para a vida. Amei, dei boas gargalhadas, realizei sonhos, tive decepções, fiz bons amigos e descobri verdadeiras experiências de amor. Alguns anos depois, encontrei Jorge, onde vivemos experiências diferentes e ímpares, cheias de muitos aprendizados e desafios. No meio a tantas situações que a vida insiste em nos apresentar, fui vivendo, realizando, aprendendo, errando...

Me tornei mãe...

Um tópico para destacar essa linda experiência, que daria voz a um único livro. Ah! Como eu esperei minha Clara, "aquela que brilha", "reluzente", "brilhante" ou "ilustre"; doce, carinhosa, inteligente, meiga e linda. Foram 15 anos que desejei ser a mãe dela e que bom que ela me escolheu.

O nascimento de Clara me trouxe a experiência de amor mais linda que alguém pode experimentar. Foram as noites em claro mais cheias de sentido que vivi. Aquele chorinho que acalentava a minha alma... confesso que tinha muita preocupação com a segurança dela, a educação, a proteção... uau! Me tornei mãe!

Tudo nela me encantava, até a coisa mais banal eu tinha como grandiosa. Sua voz, seu sorriso, seu carinho, suas palavras, foram meu combustível para dias que não eram tão bons...e continuamos até hoje essa linda vivência de amor. Amor que não se mede!

O caminho da verdade...

Quando olhamos para o passado, podemos compreender que: o passado é um "celeiro" onde se armazenam momentos cheios de sentido e que não podem ser retirados da pessoa, pois já são realidade consumada (FRANKL, 1948/1993). Assim, vamos nos construindo vida à fora. O futuro passa a ser um rascunho construído no presente da vida.

Na pandemia do Covid-19, fui convocada a olhar para dentro de mim. Estava insatisfeita com os resultados alcançados até ali e experimentei uma verdadeira imersão de amor, compaixão e compreensão, ao ser convidada a transitar pelo caminho da verdade, em busca do meu próprio Eu, foi a minha experiência no *coaching*.

Até então, todas as vezes que olhava meu celeiro, encontrava uma vida perfeita, com vivências felizes das quais me orgulhava em contar. E verdadeiramente, tive uma infância feliz e simples, rodeada de amor e carinho, marcada por muitas brincadeiras, descobertas, mas também por medo, rejeição e abandono. Acumulei muitas crenças que me impediam de avançar, de acessar-me de forma verdadeira.

A partir da busca do meu Eu, de entrar no meu castelo de experiências, minha história foi se desvelando e se revelando de maneira clara, sem sombras. Quero afirmar que não é fácil uma pessoa acessar sua própria verdade e, muitas vezes, precisa ser conduzida a esse lugar por outra pessoa para auxiliar a penetrar na escuridão (suas crenças) de sua própria história.

Tive a sorte de ser conduzida por um farol, minha *coach* Izabel Rezende, que me ajudou a iluminar minha estrada existencial, embaçada por nuvens de medo, rejeição e abandono que se misturam a todas as outras experiências deliciosas. Embalada pela docilidade e carinho daquele momento, fui conduzida e convidada a revisitar meu celeiro.

Posso afirmar que na jornada da vida, vamos acumulando em nosso baú de experiências muitos tesouros e também muita prataria sem valor. Ao revisitar meu baú (celeiro), precisei retirar alguns instrumentos desnecessários na minha jornada existencial, afinal, excessos não são essenciais. Doravante, tive a oportunidade de tirar muitas armaduras invisíveis que me aprisionavam. Foi um processo envolto em muitas lágrimas, silêncio e coragem. Olhar no espelho e se ver diante dele e de toda a vivência, é um processo único e solitário. Muitas vezes, tinha a sensação de estar sendo descamada e quanto mais camadas eram retiradas, mais elas davam lugar ao novo.

Essa experiência é ímpar e jamais será retirada de uma pessoa, porém, para vivê-la, precisamos nos desprender de nossas certezas e apenas compreender que a vida é um mistério e que talvez não haja respostas para todas as nossas perguntas, pois simplesmente precisávamos passar por todas as experiências para nos apropriarmos do nosso "para que", do sentido de nossas vidas.

Quando passamos por essa experiência de amor e tomamos consciência de quem somos, aprendemos que problemas são sempre oportunidades que estão chegando, para evoluirmos, crescermos e aprendermos. Procuramos construir uma vida pautada na verdade e na honestidade. Compreendemos que o sentido da vida é voltado para uma tarefa ou para uma pessoa e que uma vida sem sentido, é uma vida vazia. E que precisamos estar conectados à fonte.

Na jornada da verdade, aprendi a apreciar minha vida, com todas as suas perfeições e imperfeições. Necessitei acolher com muito amor cada trecho da minha história que me causou dor e compreender cada pessoa envolvida nesse processo, inclusive eu. Você aprende a aceitar, em vez de ter expectativas - seus desapontamentos serão menores - e que a única pessoa responsável por todos os seus resultados é você mesmo. Nesse processo, sentimos liberdade!

Aprendi a olhar as nuances da vida, cada detalhe, e as incríveis oportunidades que a cada dia se colocavam à minha frente. Compreendi que, afinal, não podemos controlar tudo o que aconteceu e o que acontecerá. Simplesmente eu preciso me apropriar de cada experiência como oportunidade única de amor e compreender que os encontros são possibilidades de cumprir o nosso propósito.

A partir dessa experiência extraordinária, decidi que necessitava levar essa oportunidade a todas as pessoas que eu tivesse a sorte de encontrar. Quantas pessoas vivem na ignorância, sofrendo por não compreenderem suas vidas, amarguradas e se sentindo impotentes diante do mundo, das pessoas e de si mesmas, experimentando um verdadeiro vazio existencial.

Assim, desenvolvi o **método Ser-Com**, com o objetivo de levar o indivíduo a compreender sua relação consigo mesmo, com os outros ao seu redor e com o mundo que o circunda, com muito verdade. A partir da minha nova versão, estou comprometida com a transformação e desenvolvimento das pessoas. Desejosa estou que esse breve trecho da minha história seja inspiração para que você, meu caro leitor, e que possa tomar a decisão de transformar sua vida e experimentar sua real identidade. Até breve!

Quando acessamos nossa própria verdade, somos iluminados para vivermos experiências reais de amor e de liberdade, rumo ao autoconhecimento.

Carla Dimarães

Cristina Judas

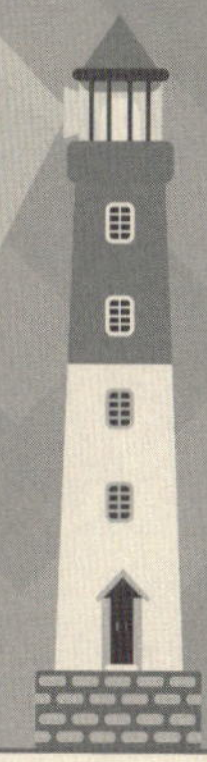

Nascida em Lisboa, em 1980. Em 2005, licenciou-se em Engenharia Química no ramo de Qualidade e Ambiente. Desde então, desenvolveu e geriu projetos no setor da construção, nas áreas do ambiente, qualidade, segurança e gestão do risco, destacando-se pelo foco, determinação e dinamismo.

É membro da Ordem dos Engenheiros, com distinção em Ética e Deontologia Profissional. Possui pós-graduação em Gestão da Segurança e Saúde no Trabalho e duas das mais importantes certificações pelo PMI: Gestão de Projetos (PMP®) e Gestão de Riscos (PMI-RMP®).

Mas a vida não é só trabalho. É mãe do Tomás e da Teresa, adora estar com a família e amigos, viajar e ler, sem nunca perder uma oportunidade de aprendizagem.

cristy.judy

heymoneypt

www.heymoney.biz

cristyjudy

heymöney

A REVELAÇÃO DE UMA ALMA EMPREENDEDORA

08

Por Cristina Judas

Estávamos em dezembro de 2021. O Covid-19 continuava a fazer vítimas, apesar da esperança gerada pelas vacinas. O mundo voltava a fechar-se e a maioria das famílias se preparava para mais um Natal em quarentena. Na nossa casa, a procura por jogos, ideias ou experiências diferentes para oferecer aos miúdos, era um hábito que se repetia já há sete anos, desde o nascimento do meu primeiro filho, Tomás, em 2014.

Enquanto pesquisava ideias para um presente de Natal, descobri um jogo de tabuleiro com o propósito de estimular a literacia financeira nas crianças. Despertou a minha atenção, não só pelo tema, mas também pela abordagem. Não conhecia a marca que dava nome ao jogo e a curiosidade apressou-me a investigar de quem se tratava. Descobri que era uma empresa dedicada à educação financeira em Portugal. Comprei o jogo e rapidamente comecei a seguir a Bárbara, vendo tudo o que ela fazia. Como diz o ditado popular, foi o *pulo do gato*.

Março chegou, a chuva começou a dar tréguas e as temperaturas começaram a subir. A primavera já se anunciava quando se deu uma feliz coincidência. Constrangimentos no trabalho levaram ao adiamento de uma prova online e este aparente contratempo permitiu que assistisse ao maior evento de finanças, realizado em Portugal. Tive a oportunidade de ouvir algumas das figuras mais conceituadas do setor e colocar em prática muitas das estratégias aprendidas nos primeiros meses do ano. O contratempo virou uma oportunidade, e desde então, tem sido uma viagem incrível, memorável e altamente transformadora.

Dizem os entendidos que um empreendedor nasce empreendedor, é algo que está na sua essência. Diz-se também que pode ser uma pessoa comum possuindo características marcantes como a autoconfiança, a resiliência, a perseverança, a proatividade, a determinação, a visão estratégica e o foco.

"É um bicho diferente", dizem ainda. Terei dentro de mim um empreendedor adormecido?

Lembro-me, quando pequena, de brincar com a minha amiga Rita de "empresárias". Vestíamos as roupas das nossas mães e montávamos um escritório de verdade. Tínhamos um telefone e um fax (que não funcionava), fazíamos reuniões e até escrevíamos no computador 386 que havia lá em casa. Brincar ao faz-de-conta, segundo os estudiosos, desenvolve a imaginação, a capacidade de planear e estabelecer objetivos. Ensina a encontrar soluções para diferentes problemas, a definir e a interiorizar regras sociais, a expressar sentimentos.

Verdade ou não, o fato é que planejar, definir metas e resolver problemas são competências em que me revejo, em todas as facetas da minha vida. Dou-me hoje conta que essas capacidades começaram a revelar-se a partir dos meus 16 anos, altura em que a vida dos meus pais – a nossa vida – deu uma volta de 180º.

Até essa altura, vivíamos sem qualquer tipo de constrangimento financeiro, apesar de sermos uma família grande. Sou a quinta filha – a caçula – e a minha avó materna também vivia conosco. Não tenho lembrança de discussões sobre dinheiro, nem de haver qualquer preocupação na educação ou partilha de informação quanto a assuntos relacionados com finanças pessoais ou familiares. As memórias desse tempo são repletas de experiências, histórias, cheiros, cores e sabores que ainda hoje repetimos várias vezes nos almoços e jantares de família. Foram tempos fantásticos.

Mas terminaram. Num abrir e fechar de olhos, tudo o que os meus pais haviam construído, todo o património acumulado, foi consumido, desperdiçado, na esperança de ganhar um processo judicial que se arrastou nos tribunais por mais de 15 anos. Perderam. Perdemos. Hoje, olhando para trás, consigo ver que foram também tempos desafiadores, que vieram pôr à prova as tão apregoadas características dos empreendedores – autoconfiança, resiliência, perseverança, proatividade, determinação, visão estratégica e foco.

Tempos desafiantes nas diversas dimensões: familiar, pessoal e financeira, pois durante essa década e meia foram muitos os acontecimentos que tivemos – e eu também, na passagem da minha adolescência para a idade adulta – de enfrentar e ultrapassar para poder estar aqui hoje a contar como tudo aconteceu.

No campo financeiro, as reviravoltas foram muitas e complexas, sempre no sentido de dificuldades cada vez maiores. Nesse caminho, houve um episódio particularmente marcante para mim. Lembro-me como se fosse hoje. Acompanhei a minha mãe no dia em que ela foi falar com um dos meus tios, irmão do meu pai. Entramos, nos cumprimentamos e depressa a conversa ganhou um tom sério. A voz da minha mãe começou a ficar embargada, as lágrimas começaram a descer - "*Não temos dinheiro para a Cristina ir para a universidade*. Ambiente tenso, pesado, mas, logo em seguida, num esforço inglório para não desabar, rompi o silêncio: "*Tio, ficarei eternamente grata se você puder nos ajudar*." Continuo e serei eternamente grata ao meu tio José Manuel. Obrigada!

Graças a ele consegui fazer a universidade. Mas a ajuda trouxe também um forte sentido de responsabilidade, muita aprendizagem, muito crescimento pessoal. Durante os cinco anos seguintes, tive de aprender a planejar e a gerir aqueles R$387 mensais[1] para tudo: mensalidades[2], transporte, despesas diárias, roupa, livros e tudo o mais que precisasse. Consegui. Hoje tenho a clara consciência que aqueles anos foram determinantes na definição (ou redefinição) da minha personalidade e dos meus "valores financeiros". Tal como os nossos valores pessoais são responsáveis pelas decisões que tomamos na vida, os valores financeiros são responsáveis pela forma como nos relacionamos e gerimos o dinheiro.

Já no verão de 2022, em um período de descanso, me peguei pensando recorrentemente que gostaria de fazer alguma coisa com todas as minhas paixões: comunicação, crianças, educação, dinheiro e sustentabilidade.

Tomei a decisão: a educação financeira infantil era uma paixão e o meio ideal para colocar em prática o que mais gostava de fazer.

A minha jornada pela literacia financeira continuava assim de vento em popa, não só através dos livros, formações, troca de experiências, mas muito também pela aplicação prática de vários princípios na minha vida e na dos meus filhos.

O conhecimento não é algo que me deixe saciada. Como acontece a muitos, quanto mais sabemos, mais a vontade de saber cresce, principalmente sobre as coisas que nos motivam e nos apaixonam.

Sabendo que o conhecimento é inútil se não soubermos usá-lo e que planejar e definir metas são características que me correm no sangue, rapidamente revisitei o meu Plano de Desenvolvimento Pessoal, incorporando, na minha *golden hour*[3], 15 a 20 minutos de pesquisas, livros e formações específicas em oratória, palestras, educação financeira infantil, educação positiva, entre outros.

Gosto de pensar, até de me convencer, que nada acontece por acaso. E quanto mais o tempo passa, mais são os motivos que me levam a acreditar que nada é por acaso. A vida dá-nos muitas respostas, umas boas, outras más, outras aparentemente irrelevantes, que podemos ver como meras coincidências. Mas não é esse o meu olhar. Olho essas coisas como tendo um sentido, uma razão. Essa noção pode estar ausente enquanto a situação está a acontecer. Mas o tempo traz claridade, tudo tende a ficar mais perceptível, mais óbvio. Ao fazer uma retrospectiva, vejo que a minha vida tem sido pautada por vários desses "não-acasos". Tanto em nível profissional como pessoal. O último levou-me à Tathi e ao curso Vivendo de Palestras Online. E, finalmente, a este livro, onde todos os pontos se unem.

Era dezembro de 2022 e as chuvas atingiam máximos históricos. Foi numa dessas noites mornas e chuvosas que me cruzei, virtualmente, com a Tathi. Andava à procura de mais informação acerca de comunicação e oratória, quando começaram a surgir anúncios da *masterclass* Palestrante Memorável. A princípio ignorei. Ignorei também uma segunda vez. Na terceira, parei e pensei: *é isto mesmo*. Inscrevi-me. Vi, revi, tirei notas e no final, me peguei refletindo: não foi por acaso que a Tathi apareceu no meu caminho. Ninguém vai e vem por acaso.

Tal como a água que cai do céu, não foi sem querer que a Tathi veio unir os pontos, colocando nas minhas mãos a decisão de tirar dos meus sonhos a possibilidade de juntar todas as minhas paixões num projeto real e concreto. Planejar é preciso, mas colocar em ação é o que verdadeiramente modifica o meio que nos rodeia.

Experimentar. Errar. Voltar a tentar. Eis os movimentos que fazem parte do *ser empreendedor*. Não há empreendedorismo bem-sucedido sem risco. Correr riscos, no entanto, não significa mergulhar às cegas e esperar grandes resultados. Correr riscos envolve planejamento e trabalho árduo. Ter a clareza de que o risco não é mais do que a incerteza associada ao objetivo, e que é algo intrínseco a qualquer atividade ou decisão é, por si, uma vantagem competitiva.

Não podemos prever a incerteza, mas é possível trabalhar com ferramentas que nos permitem estar mais bem preparados para o que ela nos trouxer. Enfrentar os medos, as inseguranças e estar-se disposto a ir para além do que os livros e as formações têm para nos oferecer – é isso que vai fazer a diferença. Entra aqui também a paixão, como o motor, a cola que une, no agora, os pontos do passado e do futuro.

Hoje, tenho claro que quero e posso fazer a diferença. Através da educação financeira infantil, pretendo transformar mentalidades e comportamentos, das crianças e dos seus educadores, procurando contribuir para o sucesso das gerações futuras. Quanto mais cedo as crianças aprenderem e dominarem os temas do dinheiro, maiores serão as probabilidades de se tornarem adultos aptos a fazerem escolhas informadas sobre as suas finanças. Pois este é o poder da educação financeira.

Precisamos dar ao mundo filhos financeiramente preparados, para que eles possam, no mundo, fazer a diferença!

[1] Em 1999, o ordenado mínimo era R$461.

[2] De 1999 a 2003, as mensalidades variavam entre R$387 e R$471/ano.

[3] Momento diário dedicado somente ao que gosto de fazer.

“

Precisamos educar financeiramente os nossos filhos para que façam a diferença no mundo.

Cristina Judas

Daniela de Cássia

Sou Daniela de Cássia, tenho 43 anos, nascida em Monteiro Lobato/SP, onde vivi a maior parte da minha trajetória. Sou graduada em Pedagogia pela Uniararas, com 3 especializações: Gestão de Políticas Sociais pela FMU/SP; Gestão e Inovação de Cidades Inteligentes pela FACENS-Sorocaba/SP e Infraestrutura, Concessões e PPPs pela PUC/MG.

Tive a honra de ser a primeira mulher a liderar o governo da minha cidade natal, tendo sido eleita Prefeita Municipal por dois mandatos consecutivos. Fui diretora da Associação Paulista de Municípios e da Confederação Nacional dos Municípios.

Membro do Movimento Mulher Municipalista. Embaixadora da Paz pela UPF, e Presidente por dois mandatos da AMITESP (Associação dos Municípios de Interesse Turístico do Estado de São Paulo).

danielade_cassia

(31) 99090-2023

daniela.cassia.40

danieladecassiasb

A VIDA QUE ME GOVERNA

09

Por Daniela De Cássia

A trajetória de uma mulher na política e nos desafios de seu próprio mundo

Eu, Daniela de Cássia, fui uma eleita. Neste caso, eleita como prefeita da cidade onde nasci: Monteiro Lobato, interior de São Paulo. Isso aconteceu em duas oportunidades: em 2012 e 2016, totalizando 8 anos de uma incrível jornada. Tive a honra de ser a primeira mulher a liderar o governo da minha cidade natal. Ser eleita para essa função transformou a minha vida e espero que tenha transformado a vida de outras pessoas também.

Política! Eu sei que esse tema ainda é um tabu! Estamos vivendo em uma sociedade desacreditada nos bons políticos, nos verdadeiros líderes. A Daniela que escreve essas linhas ocupou a honrosa função de prefeita de um pequeno município brasileiro. Uma cidadezinha que fez parte da minha história, desde os primeiros dias de vida, e onde eu cresci como pessoa e como profissional.

Não foi fácil chegar a essa almejada posição e governar para 4.500 habitantes. Talvez, nem mesmo em um livro eu consiga sintetizar quão grande é o desafio de decidir o futuro de tantas pessoas, de planejar uma cidade, de resolver problemas diários e, quando houvesse tempo, conciliar minha própria vida e meus próprios sonhos. Quem dirá em um capítulo, mas como amo desafios, este é mais um dos muitos que pretendo vencer até o final da minha jornada neste mundo.

"A vida que me governa" foi o título que eu escolhi para esse capítulo, pois em tudo o que eu faço há um propósito maior e, com toda a certeza, há um FORÇA superior orquestrando o meu caminho. Venci batalhas que a ciência humana e as leis dos homens já tinham dadas como perdidas. Eu vivi milagres!

Eu sempre procuro aprender com pessoas mais experientes e há personagens que me inspiram todos os dias. Vou contar quem me inspirou quando decidi enfrentar o desafio de uma campanha política. Falo de Neemias, um personagem bíblico que ao ver os muros de sua cidade destruídos, chorou inconformado e se mobilizou para reerguê-los, enfrentando todos os desafios e críticas feitas a ele, sem desviar o seu foco. Apesar de ter um cargo de confiança na corte do rei persa, ele não pôde deixar Jerusalém abandonada e destruída, pois lá era a sua terra.

Minha conexão com Neemias talvez se manifeste pelo fato de eu ser uma mulher que desde cedo ousou lutar, não pelos meus sonhos, mas sim, pelos sonhos de muitos outros. O julgamento das pessoas me trouxe amadurecimento, pois durante toda a minha carreira eu busquei "reconstruir os muros" ao meu redor e, desta forma, contribuir com o bem-estar da minha gente. Hoje, olhando para os muros que reconstruí, acredito que as maiores qualidades de um bom administrador são: amor, empatia, responsabilidade, transparência, comprometimento, ética e, principalmente, a valorização das pessoas.

Quando eu decidi concorrer ao cargo de prefeita da minha cidade, eu já estava há 10 anos atuando na vida pública, em funções diversas: de telefonista à secretária de gabinete, de diretora de turismo e cultura à chefe de gabinete. Eu me apaixonei pelo setor público e busquei cada vez mais ser capaz de conquistar autonomia e o poder de tomar decisões em prol das pessoas, em especial os mais carentes e vulneráveis, estes procuravam a prefeitura diariamente para expor suas dores e suas lutas.

O prefeito de Monteiro Lobato da época, Gabriel Vargas Moreira, no ano de 2010, me disse que eu era um nome popular entre os munícipes para a sucessão. Eu não pensava nisso, minha intenção era ajudar de outras formas. Não tinha ambição de ser prefeita. Depois do convite, meu primeiro impulso foi recusar, mas, devido às muitas conversas com os próprios moradores, eu passei a pensar na possibilidade. Uma sementinha começou a brotar em mim e se desenvolveu durante o meu primeiro MBA em Gestão de Políticas Sociais, que me aproximou ainda mais da vontade de fazer algo significativo para o meu povo. Quando falavam de planejamento urbano, assistência social, saúde e educação, me sentia inquieta e com vontade de agir, de trabalhar. Da sala do curso, eu me vi transformada para a minha futura campanha eleitoral. Fui a primeira candidata mulher a concorrer a uma eleição, em 70 anos de emancipação política do município. Concorri e venci, pelo menos o primeiro desafio!

Quando não escolhemos a estrada

Em novembro de 2012, após vencer uma acirrada eleição, eu e minha família estávamos na estrada quando nos deparamos com um veículo em alta velocidade na contramão, que colidiu frontalmente com o nosso carro. Fiquei presa nas ferragens, ensanguentada e com o rosto completamente deformado. Nos machucamos muito e isso marcou muito o começo do meu mandato, pois serviu como uma dura lição de vida. Os meus sonhos precisavam ser maiores que os obstáculos. Recomeçar não foi fácil! Reconstruir um muro interior é ainda mais desafiador.

Nós, frequentemente, nos esquecemos que políticos também são seres humanos. Essa foi uma verdadeira prova de que somos frágeis e que a vida é um sopro. A verdade é que nos dois primeiros anos do meu 1º mandato, eu me revezava entre as demandas do município e as diversas internações e cirurgias que enfrentei para restabelecer meu corpo, o meu rosto e meus propósitos que, apesar de abalados, estavam mais vivos do que nunca.

Desafios e desgastes

Hoje, eu enxergo dois principais desafios em governar uma cidade. O primeiro é lidar com o amadorismo da gestão pública, por falta de projetos que venham de encontro com as verdadeiras necessidades do povo. Mas naquela ocasião, vejam vocês, eu também era uma amadora! O jeito foi aprender na prática e colocar as necessidades da população em primeiro lugar. Passado o tempo, hoje eu vejo que isso é um dever primordial de qualquer gestor. Nada de "projetos pessoais", o que deve estar acima de tudo é o bem-estar coletivo.

Foi com essa visão que eu enxerguei uma boa oportunidade para a minha terra: torná-la uma "Cidade Encantada", afinal estávamos nas terras do grande escritor José Bento Monteiro Lobato. Um projeto grandioso, mas não tão grandioso quanto a saúde de um povo, a educação das novas gerações, a garantia da qualidade de vida e a garantia do acesso às questões básicas, como estradas, justiça social, programas de incentivo ao empreendedorismo juvenil e principalmente das mulheres, que muitas vezes são "escravas" de uma vida de violências, por serem dependentes financeiramente de seus companheiros. E era por tudo isso que eu deveria lutar! E lutei!

O segundo grande desafio é fazer "milagres" para conseguir custear as demandas, em especial de saúde, infraestrutura urbana e estradas rurais. Não havia recursos financeiros suficientes, nem mesmo para garantirmos a assistência mais básica dos nossos munícipes. Foi aí que iniciei uma árdua jornada em busca de recursos. Fui uma gestora que mal se sentava no gabinete, estava o tempo todo buscando verbas, melhorias de salários e boas oportunidades de gestão na esfera estadual e nacional. A oposição política da época não entendia meu modo de governar e eu era atacada na tribuna, na rua e na internet. Eu ainda pensava em Neemias.

Indicadores de casa em casa

Em um cenário de recursos escassos e muitas necessidades, qual é o parâmetro para decidir? Dados e mais dados! Para as minhas mais importantes decisões, nós trabalhamos com muitas pesquisas e diagnósticos. Utilizamos dados macro como o IBGE, até saídas a campo, de casa em casa, com o objetivo de verificar como as pessoas viviam. Fizemos um levantamento social em 2014 e outro em 2015, e a partir de então, começamos a perceber que as pessoas almejavam o básico. Queriam acesso aos serviços, trabalho e renda, bom atendimento nos setores públicos, atenção, educação, estradas acessíveis e, de alguma forma, participarem das tomadas de decisões.

Às vezes, o prefeito acha que precisa de milhões para fazer grandes obras de infraestrutura e projetos inovadores, enquanto as pessoas estão passando fome ou sofrendo com falta de remédios, vagas na creche, entre outras tantas demandas de necessidades básicas.

Uma jornada solitária

Me senti solitária na maioria dos 2.920 dias de gestão como prefeita. As pessoas, muitas vezes, se esquecem que somos seres comuns, como elas, e nos cobram superpoderes. A demanda é insana, então nunca temos tempo para cuidar da nossa saúde física e mental. É bom pensar que o mandato é temporário, pois é um ritmo que não tem como ser praticado por tantos anos como uma "carreira". Somente quando estamos prestes a perder as pessoas mais próximas, quando algum ente querido adoece, quando olhamos para os filhos que estão partindo para cuidar das suas vidas, é que percebemos que o tempo passou, que a vida está seguindo e não há como recuperar o que já se foi. Estamos, constantemente, cercados de muitas pessoas, mas os relacionamentos interpessoais passaram a ser superficiais e rápidos. Quando o mandato está prestes a terminar, o vazio existencial é o que domina.

A vida me governa, mas para onde?

Após 8 anos de muitas demandas essenciais que, com a graça de Deus conseguimos cumprir e possibilitar o bem-estar de todas as pessoas, ainda conseguimos vivenciar um belo projeto chamado "Cidade Inteligente Humana e Encantada - CIHE 2030", um programa de governo que trouxe os conceitos mais atuais de gestão, utilizando como ferramenta de planejamento, monitoramento e avaliação os 17 Objetivos de Desenvolvimento Sustentável (ODS) da Organização das Nações Unidas (ONU).

Plantamos tudo, mas não veremos todas as colheitas! Deixar o governo foi difícil. Deixar as pessoas e a minha equipe foi um encerramento de ciclo com muitos significados. Mas assim é a vida. Um dia eu fui a eleita! Mas há outros eleitos também e o trabalho continua. Eu sinto que cumpri o meu papel. Ainda penso em Neemias e nos muros que ele reergueu. Espero ter feito a diferença, espero ter sido a força de construção na vida de alguém. Tenho certeza de que eu fui.

"

Os meus sonhos precisavam ser maiores que os obstáculos. Recomeçar não foi fácil! Reconstruir um muro interior é ainda mais desafiador!

Daniela De Cássia

Djanilda Ferreira

Sou Djanilda Ferreira, tenho 48 anos, casada com José Eustáquio, mãe de Júnior, Marina e João Víctor, sogra de Isabella, Raphael e Bruna (filhos do coração), avó de Mel e Gael. Moro em Dionísio, interior de Minas Gerais.

Artesã e youtuber.

Produtora de cursos *online* de artesanato pela plataforma Eduzz.

Aluna do Instituto Tathiane Deândhela.

Propósito: transformar vidas através do artesanato.

djanildaferreira

djanilda.ferreira@ymail.com

djanildaferreira.com

(31) 9892-4868

Djanilda Ferreira

Ateliê Djanilda Ferreira

SIGA SEU CORAÇÃO

10

Por Djanilda Ferreira

Nasci em uma casa de pau a pique, vida simples, mas com muita fartura, meu pai tinha um pequeno comércio. Tive uma infância muito feliz, subindo em árvores e brincando na rua.

Nas férias e feriados, meus irmãos e eu íamos para a casa de nossos avós na roça, pensa numa vida boa! Lembro da minha avó lavando roupa na bica e cantando, meu avô chegando da lida com toda a sua mansidão, meus tios brincando conosco. Hoje, minha avó tem 98 anos, a casa da roça já não existe, mas ainda sinto o gosto do leite quentinho, fervido no fogão à lenha.

Aprendi com meus avós, tios e pais a generosidade. Minha mãe tem um coração gigante, meu pai, além da bondade era também um sonhador/empreendedor, sempre procurava um jeito de ganhar dinheiro, herdei isso dele.

Casei aos 16 anos, três meses depois decidimos ter o Júnior. Casei acreditando que ia ser mãe, esposa, do lar, o que era para mim uma vida perfeita de quem mora no interior. No entanto, a vida sempre tem surpresas.

Um dia, o marido despediu o funcionário porque o comércio estava fraco e eu fui ajudar. Meu conto de fadas durou poucos meses. Muita coisa aconteceu, tivemos épocas de ter dinheiro, comércio grande, 2 caminhões, uma casa pequena, mas era nossa. A gente falia e se erguia novamente.

Quando estava grávida do meu caçula, João Víctor, há 25 anos, morávamos no depósito da nossa mercearia porque não tínhamos condições de pagar 2 aluguéis, não havia lugar para colocar o berço do bebê. Voltamos para o aluguel. Mesmo uma casa simples estava difícil pagar, então fomos morar com minha a sogra, a quebradeira foi tanta que vendemos o que tinha para pagar as dívidas do comércio: DVD, micro-ondas, freezer, fax, naquela época isso tinha valor. Eu sempre dizia: "Mês que vem melhora."

Moramos 2 anos com a sogra. Com muita dificuldade, construímos em cima da casa dela e mudamos para o nosso palácio, tinha parede e telhado, mas não tinha banheiro, usávamos o banheiro da sogra. Minha filha Marina diz que no dia que mudamos, ela esperou ansiosa a aula acabar para almoçar na nossa casa. Ensinei meus filhos a valorizarem cada pequena vitória. Era uma construção, mas era nosso lar.

Nessa época, já estava fazendo artesanato, comecei fazendo imã de geladeira, uma bonequinha de fita. Cada peça que eu vendia, me enchia de esperança por dias melhores. Fiz vários tipos de artesanato.

Meu marido ficava preocupado como os filhos fariam faculdade, eu dizia: "Eles vão trabalhar e estudar." E para honra e glória de Deus, Júnior e Marina fizeram faculdade pelo Prouni, bolsa integral, trabalhando de dia e estudando à noite. João não quis estudar, decidiu empreender.

A fase difícil não acabava, mas como teria fim, se os erros cometidos eram os mesmos? Impossível ter resultados diferentes fazendo a mesma coisa, quem planta limão não colhe laranja.

Pesquisando na internet como ganhar dinheiro, vi a propaganda de um curso sobre ter um canal no Youtube. Eu não tinha cartão de crédito, juntei o dinheiro e comprei o curso à vista, na época era R$ 450,00, muito dinheiro para mim. Depois que paguei, contei para meu marido e ele achou que eu tinha feito uma loucura, mas respeitou, afinal, o dinheiro era meu. Foi o melhor presente de aniversário que eu mesma poderia me dar, nesse dia estava completando 42 anos, 18 de outubro de 2016.

Não sabia nada de internet, nada mesmo, assistia às aulas fascinada por esse novo mundo, via possibilidades infinitas. Simplesmente fazia o que a professora dizia, muitas palavras novas que eu nem sabia o que era, 2 dias depois, meu canal já estava no ar. Era tudo muito amador, tinha vergonha de gravar, não tinha um bom celular, mesmo assim, comecei e dizia para todos que ia ganhar dinheiro com YouTube.

A professora dizia pra escolher um nicho, não fiz isso, postava receitas saudáveis, mensagens, artesanato, tudo que eu gostava, e mesmo assim o canal foi crescendo. Se eu tivesse levado o curso ao pé da letra teria crescido mais rápido, mas tudo bem, é melhor errar do que não tentar.

Quando vi meus primeiros 2 centavos de dólar, eu disse: "Estou rica, é verdade, o YouTube paga mesmo."

Em 1 ano eu ganhei R$ 471,21, de 2016 a 2017. Você não leu errado, R$ 39,26 por mês. No segundo ano, 2017 a 2018, R$ 1.358,92, R$ 113,21 por mês. E eu seguia acreditando em dias melhores, mesmo com poucas pessoas acreditando em mim. Ajudava o marido no comércio, cuidava da casa e gravava os vídeos. Ficava até de madrugada trabalhando.

Mas só acreditar em dias melhores não basta, é preciso estudar, mudar crenças limitantes, descobrir o que estamos fazendo errado, fazer uma viagem para dentro de nós mesmos, pois é lá que estão todas as respostas. Outras pessoas podem nos guiar, nos orientar, mas cada ser humano é único, então a resposta não é genérica, está dentro de nós.

Em 2019, conheci essa história de *coach*, fiz um treinamento, (meu filho me emprestou os cheques das prestações, não podia pagar à vista) e minha mente se abriu para novas ideias, ouvi falar de livros e pessoas que não conhecia. Conheci um novo mundo, ouvi pela primeira vez o nome de Bob Proctor.

Já tinha lido muitos livros bons, mas ainda não tinha virado a chave, colocar em prática é um desafio, principalmente quando só você acredita.

Comecei a ouvir Bob Proctor todos os dias, eu dizia assim: "Vou ouvir esse homem até limpar minha mente". Repetia o que ele dizia com muita convicção, depois de um mês, recebi uma mensagem do Gabriel, um rapaz que nunca vi na vida, me propondo uma parceria, ele mora em Santa Catarina e eu em Minas Gerais. Aconteceu o que muitos não acreditam, eu atraí a pessoa que eu precisava. Depois de 45 dias da nossa conversa, lancei um curso online de artesanato e foi um sucesso!

Depois que investi em meu desenvolvimento pessoal, meu canal cresceu mais e mais e os cursos também, hoje tenho uma renda incrível.

A minha paixão é o artesanato, mas para crescer nisso, eu precisava primeiro crescer como pessoa. Comecei de verdade a colocar em prática o que aprendia nos livros e vídeos.

A gente muda pelo amor ou pela dor, eu mudei pela dor. Cansei de ver o meu marido depressivo com tantos problemas, de não poder ajudar minha mãe, não dar o que meus filhos precisavam, ter a energia cortada, cansei de ver os boletos atrasados.

Minha renda começou a aumentar quando eu tive a coragem de arrumar alguém para me ajudar com a casa, foi preciso abrir mão de ser a mulher superpoderosa que dá conta de tudo, e quando parei de trabalhar com o marido e me dedicar ao YouTube.

Meu marido é um amor, paixão da minha vida, mas ele tinha muitas crenças limitantes e aos poucos está se libertando.

Decidi que precisava viver minha vida, realizar meus sonhos, ter meu próprio dinheiro. Ficar em casa e focar no que amo, no meu trabalho, foi um desafio, é difícil se desapegar da vida antiga.

Nossa mente faz de tudo para que fiquemos na zona de conforto, nos sabotamos o tempo todo.

Você já viveu ou vive os sonhos de outra pessoa?

Não está certo abrir mão de seus sonhos! Meu grande sonho sempre foi viver do artesanato e ensinar às pessoas o que eu sei, para elas também viverem da sua paixão.

Quando eu decidi viver meu propósito, minha vida começou a mudar de verdade. Como disse Albert Einstein: "Uma mente que se abre a uma nova ideia, jamais voltará ao seu tamanho original." Depois que você largar as crenças limitantes, nunca mais será o mesmo.

Sempre incentivei pessoas perto de mim a se apaixonarem pelo artesanato e nunca consegui, acredito que os planos de Deus eram maiores, hoje alcanço milhares de pessoas. Todos os dias recebo depoimentos de homens e mulheres dizendo que meus vídeos estão os ajudando a mandar a depressão embora, estão ganhando dinheiro, inclusive pessoas de outros países.

Convidei pessoas que eu acreditava que tinham potencial para se unirem a mim no mundo online, mas ninguém aceitou, achavam que eu era sonhadora demais. Por estar sozinha, muitas vezes pensei em desistir, era muito trabalho, muita pressão, era só apertar um botão no notebook (delete) e todos os problemas acabariam.

Hoje é impossível parar, não é só o dinheiro, são vidas transformadas.

Hoje estou realizando até o que nunca sonhei.

Por tudo que vivi, descobri que preciso colocar em prática todos os dias o método AMAR: Acreditar, Mudar, Agir, Resistir...

Acreditar que eu mereço viver a minha vida, procurar conhecimento para mudar, colocar em prática o que aprendo e agir apesar do medo; resistir, persistir, apesar de todos os obstáculos. Não duvide, eles virão e serão muitos, dos pequenos aos gigantes.

Feliz quem aprende com o erro do outro, não faça como eu, não mude pela dor, escolha hoje AMAR e viver seu propósito, grandes coisas hão de acontecer. Para mudar o mundo, precisamos começar por nós mesmos, a mudança assusta, mas vale todo esforço que for necessário.

A cada novo passo vai dar um frio na barriga, vai sentir uma enorme vontade de desistir, vai pensar em mil motivos justos para fugir. Eu sei por que ainda passo por isso, é um aprendizado constante, todavia, pense nessas quatro letras, apenas quatro, AMAR!

Faça o que precisar ser feito, trabalhe onde precisar no momento, viva do jeito que for necessário, mas não desista de seus projetos, você merece realizá-los. E quando esse grande sonho se realizar, vai mudar não só a sua vida, mas a de muitas pessoas. Quando você está feliz, está vivendo de acordo com seu propósito, você muda o mundo e isso é mágico.

O que aprendi durante essa caminhada é que quando você começa a pensar "fora da caixa", quer levar pessoas próximas com você, não adianta, cada um está em uma fase da vida, você vai apenas se desgastar.

Acredite em seu potencial, siga seu coração, mesmo que sua jornada seja solitária, viva plenamente, isso não é egoísmo, é apenas se amar. Jesus disse: "Ame a Deus e ao próximo como a si mesmo", primeiro você precisa aprender a se amar de verdade.

Decida hoje sair da zona de conforto rumo a uma nova vida memorável!

Te desejo saúde, paz e grandes projetos realizados!

“

Trabalhe onde precisar no momento, viva do jeito que for necessário, mas não desista de seus sonhos, um dia vai acontecer.

Djanilda Ferreira

Eliza Monteiro Dias

Eu sou Eliza Monteiro Dias, mãe de Isadora Monteiro e moradora de Campo Grande/MS.

Sou empresária, intermediadora financeira, consultora empresarial, palestrante e escritora.

Meu propósito é contribuir com pessoas e empresas, para que construam uma trajetória financeira eficaz.

elizamonteiro.mb

elizamonteirodias

www.mbconsultoriafinanceira.com.br

+55 (67) 99291-8858

mb.mbconsultoriafinanceira@gmail.com

mbconsultoriacg

RECONECTANDO-ME COM O MEU PROPÓSITO

11

Por Eliza Monteiro Dias

Minha realização como profissional se tornou plena quando testemunhei pessoas transformadas pelo meu trabalho, incentivando-as a buscar o autodesenvolvimento e a criar um caminho sustentável e equilibrado para si mesmas. Essas conquistas foram inspiradas nos ensinamentos deixados pelo meu saudoso pai, Agenor Francisco Dias, mais conhecido como Mineiro, um exemplo de caráter e habilidade excepcional em negociações, e minha mãe, Ana Monteiro Dias, um símbolo de amor, paz e resiliência.

Em 1998, me formei em Administração de Empresas e ao final daquele ano fui contratada por um dos maiores bancos brasileiros. E assim conquistei diversos avanços, conheci pessoas influentes, estudei o setor bancário e cada patamar atingido representava uma qualificação adicional em meu currículo.

Naquela instituição financeira, a minha caminhada foi longa e vitoriosa. Foi lá que adquiri o conhecimento e a experiência necessários para elaborar e planejar toda a estrutura da minha empresa atual.

Foi lá também que pude testemunhar histórias de pessoas que começaram do zero e se tornaram milionários, assim como aqueles que nasceram em berço de ouro e terminaram enfrentando a mais dura falência.

O sucesso alcançado por alguns clientes enchia meu coração de alegria e satisfação, enquanto isso, os fracassos de outros clientes serviam como oportunidade valiosa para o meu crescimento pessoal e profissional. A cada nova situação e desafio, eu percebia a evolução do meu espírito empreendedor e o fortalecimento da minha autoconfiança.

Com todos aqueles aprendizados ocorrendo constantemente em minha rotina diária e com toda satisfação que eu ganhava a cada sucesso dos clientes, certamente eu era muito feliz com minha posição. Quando tomei a decisão de abrir mão do meu cargo, encontrei surpresa em quase todos que me acompanhavam profissionalmente.

Muitas vezes, me perguntava: se esta empresa fosse minha, eu poderia adotar processos e tomar decisões diferentes? Esse tipo de questionamento me ajudou a me preparar para enfrentar novos desafios.

É verdade também que trabalhar no banco me trazia uma série de vantagens financeiras inerentes a trabalhadores com carteira assinada. Eu tinha uma boa remuneração mensal, incentivos, auxílio alimentar, plano de saúde, dentre outros. Ainda assim, eu queria deixar um legado, causar um impacto positivo na vida das pessoas e ajudá-las a alcançar o seu potencial máximo.

Em 2018, já me sentia pronta para abrir minha própria empresa: tinha elaborado o melhor planejamento, estava confiante no que precisava fazer e contava com pessoas ao meu lado para me apoiar; era só trabalhar. E foi assim que tomei a corajosa decisão de deixar a carreira bancária e embarcar nesta emocionante jornada empreendedora.

Em 2019, registrei meu CNPJ e me senti feliz por começar a trabalhar em algo que era realmente meu. Agora, eu poderia aplicar todas as minhas experiências para gerar resultados próprios.

Eu acreditava que o meu telefone não pararia de tocar, que teria filas de clientes me aguardando para atendimento e, o mais importante, estava pronta para trabalhar incansavelmente, pois o trabalho me edifica, me renova e me faz feliz. No entanto, as coisas não aconteceram como eu esperava: os meses passavam e eu não tinha os clientes que precisava - enquanto isso, os custos chegavam em forma de boletos.

Com aquela situação, me sentindo vulnerável e com a confiança abalada, entrei em contato com um dos maiores fundos de investimento do país. Apresentando meu currículo e experiências, fui prontamente convidada para uma entrevista presencial. Me preparei para aquela seleção e, como eu esperava, fui selecionada para assinar imediatamente o contrato. E ali, enquanto aguardava a assinatura, enfrentei alguns minutos que pareciam horas refletidos em um silêncio que ecoava e me fazia questionar meu próprio papel e propósito.

Em muitas decisões que tomamos na vida, é importante ouvir a nossa voz interna e seguir com nossa decisão. Mas há momentos em que forças externas são determinantes para que o melhor caminho seja mostrado. Foi o que aconteceu comigo naquele dia. Meu noivo, Murilo Borges, estava na recepção me aguardando e quando percebeu que a contratação iria ocorrer ele, literalmente, invadiu a sala e disse que assinar aquele contrato seria um grande erro. Me lembrou de todo planejamento que eu havia feito e de todas as batalhas que eu havia superado. Naquele momento, eu já não conseguia tomar nenhuma outra decisão, exceto a de querer sair daquela sala imediatamente.

Analisando posteriormente, posso perceber que eu já havia tomado a decisão de continuar lutando pela minha liberdade de atuação empresarial. Posso afirmar com segurança que essa atitude extrema do meu noivo foi a melhor coisa que aconteceu na minha vida.

Ao longo da minha trajetória, experimentei muitas situações que pareciam ter altos e baixos isolados. Essas situações, quando conectadas, permitiram que eu tivesse uma visão mais ampla e positiva do que foi vivenciado. Hoje eu chamo essas situações conectadas – cheias de altos e baixos – de conquistas.

Através do relato de nossas conquistas podemos compartilhar nossos sonhos e falar dos nossos objetivos. Para mim, as conquistas precisam ser acompanhadas e definidas em dois pontos fundamentais:

1º - Partida: onde você está agora? Qual é sua situação atual? Quais são os fatores que podem beneficiá-lo?

2º - Chegada: qual é seu destino? Quanto tempo você possui para essa jornada?

Hoje, estou aqui, comprometida em compartilhar minhas experiências e acredito que você também pode mudar a sua realidade. Não se preocupe com a situação atual, mas tenha em mente que você sempre pode corrigir a rota e fazer melhor.

Para isso, é essencial investir tempo e energia no planejamento, na análise da sua situação atual e na definição de metas claras e alcançáveis. Ao fazer isso, você estará se preparando para superar desafios, adaptar-se às mudanças e, finalmente, alcançar o sucesso que deseja para você e sua empresa.

É fundamental reconhecer seus pontos fortes para gerar resultados e escolher o que você faz de melhor. O que vai diferenciá-lo no mercado é a sua excelência. Quer aumentar seu lucro? Quer aprender a extrair o melhor da sua equipe? Quer aprender a melhorar seus resultados sem aumentar seus custos? Aplique seu conhecimento, estabeleça processos e obtenha resultados distintos. Considero este passo a passo como C+P=R: Conhecimento + Processo = Resultado. Quando você aplica seu conhecimento e o divide em processos, fica mais fácil identificar as falhas que precisam ser corrigidas e as mudanças de postura necessárias no mercado.

Conhecimento aliado a processos gera resultados extraordinários. E assim, você constrói com sua equipe um ambiente que proporciona conexão e sinergia. Invista na atração de talentos e na satisfação dos clientes, automatize processos sempre que possível e aja com determinação e foco.

Para conquistar essa conexão, é fundamental ser eficiente no que produzimos, vendemos e entregamos. Essa autoridade é construída quando dominamos vários fatores, como:

- Tecnológicos
- Econômicos
- Logísticos
- Humanos

O fator humano é o primeiro a ser mapeado e compreendido, pois precisamos de pessoas para produzir, vender e comprar. Quando entendemos esse fator, tudo muda em nossa vida e estamos prontos para liderar e compreender os demais fatores. Quando temos ao nosso redor pessoas felizes, elas nos conduzem a informações corretas, resultando em menos erros, maior produtividade por hora trabalhada e menos custos envolvidos. Foque em construir um ambiente de trabalho positivo, onde todos se sintam valorizados e motivados a dar o melhor de si.

Os processos precisam ser mapeados e transformados em informações, contexto, decisão e diretrizes a serem seguidas. Para iniciar meu projeto empresarial, também precisei definir algumas questões que vou citar abaixo:

1. Quem sou eu?
2. Quais as três palavras que me definem?
3. O que eu amo fazer?
4. Se eu fizer o que eu amo, quem eu iria beneficiar?
5. Deus me apoia neste projeto?
6. O meu público me respeitaria neste segmento?
7. Com este projeto, eu me tornaria uma pessoa melhor?

Ao encontrar respostas para todas essas questões, percebi que meu projeto estava alinhado aos meus valores, mas era apenas o início de uma grande jornada. Chamei a base do meu projeto de alicerce, pois ali comecei a mensurar tamanho, estrutura e solidez para o meu negócio.

Entendi que, diferente do alicerce de uma construção, a estrutura da minha empresa poderia ser alterada a qualquer momento durante a criação do meu projeto. Ao longo do processo, compreendi que, para ter sucesso, é preciso ter processos bem definidos e contar com pessoas engajadas e comprometidas.

Quando temos processos que funcionam adequadamente, as pessoas ao nosso redor sentem-se envolvidas no trabalho, formando uma equipe unida e eficiente. Um projeto de qualidade precisa ser executado com maestria, respeitando limites e condição financeira. Desta maneira encontrei a solução para meu projeto por meio de perguntas:

- Qual o tempo que eu teria disponível para o projeto?

- Qual o montante de capital que posso investir neste projeto?

- Qual o percentual que eu espero de retorno?

- O retorno almejado pode ser mensal, semestral ou anual?

- Eu possuo pessoas qualificadas para a execução do meu projeto?

- Qual a logística aplicada?

Com as informações coletadas, pude construir a base do meu projeto. Se cheguei até aqui, tinha a certeza de que desejava algo mais significativo na minha vida, pois todos nós buscamos encontrar o herói que existe dentro de nós. É essencial definir nossos valores e objetivos, escolher as ações que serão necessárias e depois trabalhar duro para alcançar essas metas de maneira equilibrada e saudável.

Hoje tenho muita gratidão por não ter assinado aquele contrato que me afastaria do meu propósito. Assim posso dispor de todo meu conhecimento e continuar otimizando ações transformadoras para as empresas.

“

O passado nos dá o chão, o presente nos faz caminhar e o futuro nos dá o direito de escrever os sonhos de uma nova geração.

Eliza Monteiro Dias

Flávia Colosimo

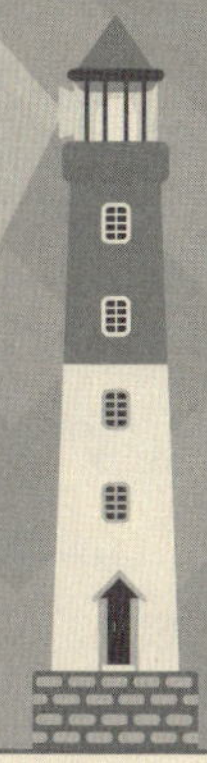

Psicoterapeuta Holística, especialista em Consciência Quântica Vibracional. Flávia Colosimo está em formação como Neuroterapeuta Hertz e Terapeuta do Inconsciente. Mestre em Tarologia, mentora de Tarólogas de Luz. Palestrante memorável e escritora.

Credenciada ABRATH, registro CRTH-2788.

byflaviacolosimo

(21) 99630-9077

flaviacolosimo@gmail.com

byflaviacolosimo

A JORNADA DA CONSCIÊNCIA

12

Por Flávia Colosimo

Com os pés na areia e a cabeça nas nuvens, de frente para as ondas do mar. Assim eu estava assistindo ao pôr do sol num dia calmo, de céu azul. O vento abraçava o meu corpo e balançava os meus cabelos. Num piscar de olhos, percebi que o Sol ao se pôr começou a descer bem lentamente, mas em um certo ponto quase chegando a encostar no horizonte, tive a impressão da descida ser bem mais rápida. Isso me fez refletir na história da minha vida.

Lembrei que no momento que eu me encontrava descendo lentamente, não sentia a queda, mas quando eu cheguei perto do horizonte imaginado, a queda foi frenética. No mesmo instante me veio à memória como eu consegui me reerguer, e adivinha? Eu me reergui na mesma velocidade frenética da queda. Eu nem havia me dado conta disso, até ir à praia aquele dia para observar o pôr do sol.

Vou te contar a parte da subida, quase na velocidade da luz, mas antes, você precisa saber onde eu estava, qual buraco eu havia me metido. Entre 2018 e 2020, foi um período complicado da minha vida, eu vinha de um ciclo de doenças graves. Algumas dessas doenças eram bacterianas como a pielonefrite e outras virais, como o caso da rubéola, que na fase adulta é bem mais perigosa porque pode desencadear outras doenças. No meu caso, segundo os médicos, a rubéola atacou diretamente as articulações e me deu um novo presente: a poliartralgia que comprometeu todos os meus movimentos.

Passei semanas no hospital sem conseguir me mexer, tomando medicações fortes na veia. Melhorei e continuei o tratamento da medicina tradicional em casa. Depois de enxergar um horizonte e pensar que me recuperei das doenças, a gota d'água surgiu quando fui diagnosticada com a doença BAAR, um bacilo álcool-ácido resistente, mais conhecido como tuberculose. E tudo isso aconteceu beirando a pandemia da Covid-19. Sinceramente, eu confesso que no auge da tuberculose pensei que eram os meus últimos dias de vida. Me senti em queda livre.

O tratamento da tuberculose normalmente é feito com um coquetel de medicações que duram 6 meses. Existem casos em que há necessidade de estender por mais 3 meses, totalizando 9 meses. O mesmo tempo de uma gestação. Quando fui à consulta de 6 meses, com todos meus exames na mão, a médica olhou dentro dos meus olhos e me disse: "Flávia, vou precisar estender o seu tratamento por tempo indeterminado."

Com os olhos cheios de lágrimas, perguntei: "Doutora, não são mais 3 meses de medicação?" Ela me disse: "O seu caso pode estar entre os casos raros em que a doença deixa sequelas graves, que comprometem a sua respiração e os seus pulmões. Você pode parar de respirar a qualquer momento. Vamos estender o tratamento por tempo indeterminado e ver como você vai se sair."

A médica me orientou a mudar de hábitos, ficar mais próxima à natureza e minha família. Falou da importância de me alimentar corretamente e de fazer exercícios físicos. Eu nem preciso te contar que por dentro eu estava literalmente destruída, meu mental, meu emocional e meu físico não estavam me ajudando em nada. Nesta época, eu seguia a minha fé religiosa com a esperança de ser bem acolhida se houvesse a passagem.

Seguindo os estudos da medicina quântica vibracional baseados na física quântica, resolvi dar a última cartada e mergulhar na jornada da consciência. Esbarrei com uma frase do médico indiano Deepak Chopra, que aumentou a vontade de me aprofundar nos estudos para entender como o corpo humano funciona.

"A beleza do corpo humano está em se renovar a cada momento."
Deepak Chopra

Consegui compreender o que me faltava para sair de vez desse ciclo de doenças e retomar o controle sobre a minha vida. Relembrei que as nossas células se renovam completamente num prazo de, aproximadamente, 90 dias. Sou psicoterapeuta holística, então voltei a estudar tudo o que abordava a visão holo. Entrei em diversos cursos e mentorias que me agregaram conhecimento mais rapidamente.

O primeiro passo para a minha cura foi retomar ao processo do autoconhecimento e usei tudo que eu tinha adquirido ao longo da vida. Assim, decidi utilizar os *arcanus* do Tarot. Aprendi Tarot aos 7 anos com o meu pai, que nos dias de aula, ao chegar em casa, brincava de me ensinar o que ele havia aprendido. Eu me apaixonei pelos arquétipos de cada lâmina representados pelos *arcanus*.

A palavra *arcanus* com "u" é de origem latim, a maioria das pessoas substitui o "u" pelo "o" e chama de arcanos do Tarot. É uma forma de aproximar a palavra oriunda do latim à língua portuguesa. Particularmente, gosto da palavra na sua origem: *arcanus*. O Tarot possui 78 *arcanus que são* divididos em dois grupos, 22 os *arcanus* maiores e 56 *arcanus* menores. Os *arcanus* maiores são o reflexo das fases da vida de um ser humano. Já os *arcanus* menores detalham as informações na consulta. No Tarot terapêutico, aprendemos que os arcanus trazem aquilo que está no inconsciente do consulente.

Carl Gustav Jung, psicoterapeuta e psicanalista, fez um estudo profundo da psique humana dentro dos arquétipos dos arcanos do Tarot e assim nasceu o Tarot terapêutico. Desde então, o Tarot é muito usado como uma ferramenta no autoconhecimento. Sabendo disso, me interessei em aprender como é que o Tarot trazia as respostas através do inconsciente do consulente? Essa era uma pergunta que tirava o meu sono até eu ter um *insight durante os estudos com a Elainne Ourives* que me esclareceu tudo isso. Unindo o conhecimento da mecânica quântica, da cura quântica vibracional e do Tarot terapêutico, eu recebi a resposta de como realmente funciona o Tarot.

O fato está no observador, aquele experimento da dupla fenda de Thomas Young explica perfeitamente como o Tarot acessa informações do inconsciente do consulente, ou seja, como o Tarot "lê mentes". Dessa forma, eu descobri a tarologia quântica. Se você deseja aprender sobre a tarologia quântica, conforme meu entendimento, vai precisar me seguir nas redes sociais e acessar os meus cursos. Isso porque não tenho como ensinar com apenas um capítulo de um livro. Além disso, esse conhecimento é profundo e absoluto, requer tempo para digerir o conteúdo.

O importante é que a tarologia quântica me ajudou na cura e eu simplesmente saí do ciclo de doenças que eu me encontrava. Em apenas 2 meses consegui me curar da tuberculose e sem graves sequelas. Não fiquei mais doente, eu sou saudável. Enquanto eu estudava meu autoconhecimento pelo Tarot, apliquei técnicas de reprogramação mental em nível celular e ancestral através da Técnica Hertz. Identifiquei padrões de comportamento e mudei o que era necessário para que eu estivesse saudável.

As meditações holográficas, a musicoterapia, as afirmações, o controle mental, o alinhamento emocional, a mudança comportamental, o bom uso dos meus sentidos, a conexão com a minha própria espiritualidade, tudo isso me ajudou na transformação de ser uma nova mulher e mudou completamente a vibração da energia que emito ao universo. Considero que o principal disso tudo foi eu ter adquirido mais conhecimento em nível quântico e ter aplicado ao Tarot, que me mostrou claramente o que eu deveria trabalhar melhor em mim.

Tudo que vivi dentro das religiões me ajudou muito ao nível de consciência, porém o meu entendimento atual é que a fé religiosa é apenas uma escolha. Na época, eu acreditava que não tinha opção, eu precisava da religião para estar uno à espiritualidade, mesmo sabendo que a espiritualidade não é encontrada somente nas religiões e sim dentro de nós. Tive dificuldade em compreender este ensinamento, até que veio a consciência quântica vibracional me trouxe respostas. Agora faz sentido todas as coisas que vivi e passei durante esses longos anos.

Assim sendo, com as minhas próprias experiências e estudos, criei um método próprio no estudo do Tarot, a Tarologia Quântica. A conexão espiritual se fortaleceu quando elevei a vibração com o conhecimento e apliquei os ensinamentos no dia a dia. Considero um verdadeiro salto quântico na história da minha vida.

A Tarologia Quântica consiste basicamente na identificação da consciência vibracional do consulente, acessa o inconsciente através do emaranhamento quântico existente nos campos morfogenéticos. Talvez você ainda não conheça a profundidade desse estudo e esses termos utilizados não façam sentido para você. Entretanto, é uma realidade absoluta nas pesquisas e comprovações científicas.

Posso afirmar que fui salva pelo conhecimento na aplicação das leis quânticas do universo. Deus é perfeito em todos os sentidos literais da palavra perfeição. O mais espetacular disso, é que estamos avançando na tecnologia da jornada da consciência com informações que foram autorizadas pelo Criador de tudo que É. Isso significa apenas uma coisa: EVOLUÇÃO.

Entendo que você deve estar curioso para saber mais sobre este assunto ou mesmo desacreditando do ocorrido. O fato é que isso não importa. A sua própria consciência te levará ao conhecimento necessário para que evolua de acordo com o seu momento, no seu tempo, sem esforço e nenhuma luta. A não ser que você resista à evolução contínua e queira permanecer na ausência da Luz Divina do Criador. Você recebeu o livre arbítrio e decidir entrar na jornada da consciência ou não, é um direito seu. Nenhum ser de luz tem a autorização para influenciar no seu livre arbítrio e mudar a sua vida, porque isso só depende de você.

"A nossa realidade é alterada, criada e destruída, através da frequência que estamos vibrando."
Elainne Ourives

A jornada da consciência é sobre isso!

Agradecimentos

Meus sinceros agradecimentos ao meu marido, Alessandro, que sempre me apoiou em tudo que eu faço e à minha filha Eduarda.
Agradeço aos meus pais, minha família e aos meus amigos.
Gratidão a todos os mestres e especialistas que contribuíram para a minha formação. Profundo agradecimento ao Criador de tudo que É.

“

A vida é incrível para quem sabe viver e o conhecimento experienciado no dia a dia nos faz evoluir na presença da Luz Divina do Criador.

Flávia Colosimo

Hudson Lara

Olá! Sou Hudson Lara, tenho 37 anos, natural de Petrópolis/RJ. Órfão de mãe aos dezoito meses de vida, filho de Joaquim Lara e com o privilégio de ter tido como figura materna a Dona Rosa (*in memorian*), minha avó materna. Irmão de Hugo e Hueliton, esposo de Renata (minha maior apoiadora), abençoado com dois filhos de sangue (Edu e Miguel) e um filho do coração (Pedro).

Nutricionista há 13 anos e Gestor de Equipes há 8 – com especialização nas áreas de Nutrição Clínica, Nefrologia e Liderança.

Descobri aos 35 anos que meu propósito não estava em nutrir pessoas, estava em contribuir com a transformação de vidas através da **liderança**.

hudsonllara
Hudson Lara
(24) 99852-9153
hudson@hservices.com.br
Liderança Assertiva
Liderança Assertiva
hudsonllara

SEJA VOCÊ
O LÍDER QUE SEMPRE DESEJOU TER

13

Por Hudson Lara

Filho de pai comerciante e órfão de mãe desde os dezoito meses de vida, sempre tive minha avó (Dona Rosa) como figura materna. Ela se comprometeu com minha mãe, estar ao meu lado enquanto vida tivesse. Era semianalfabeta mas, nos meus livros da escola, aprendia as lições para me auxiliar nos estudos. Meu pai, também com poucos estudos, era um exemplo de dedicação e incentivo ao trabalho.

Desde muito cedo eu ajudava meu pai no comércio, mas aos 15 anos consegui o meu primeiro emprego formal como ajudante de padeiro e foi assim que aprendi a valorizar o dinheiro, entendi a importância do trabalho e realizei alguns sonhos, como poder estudar o Ensino Médio em colégio particular. Era uma jornada diária de 19 horas entre trabalho e estudo, estava em busca do meu próximo sonho, a faculdade.

Aos 17 anos, fui aprovado em duas universidades federais, então embarquei na realização deste sonho e mudei-me de Petrópolis para cursar Zootecnia, na UFRRJ. Era em período integral, cinco dias por semana, o que me impossibilitava de trabalhar. Meu pai nunca foi grande apoiador dos estudos, o que não significa que tenha tolhido em algum momento os meus sonhos.

Depois de 18 meses de curso, a loja do meu pai sofreu um incêndio, o que me distanciou do grande sonho da graduação. Meus sentimentos neste momento eram tristeza, frustração e medo. Quando retornei para casa, já não havia mais loja, apenas um amontoado de cinzas e restos daquilo que era o sonho do meu pai. Posso sentir o cheiro da fuligem, me lembro do abraço apertado e das nossas lágrimas.

Uma semana após o incêndio, consegui um emprego na banca de jornais de um primo, que posteriormente foi arrendada a mim e ao meu irmão. O sonho da graduação nunca me abandonou, devia isso a mim e a Dona Rosa. Dentro do que eu gostava e mais perto do que imaginava poder pagar, encontrei o curso de Nutrição na minha cidade. Iniciei sem ter a menor noção de como conseguiria honrar com as mensalidades. Descobri então a possibilidade do financiamento estudantil. Ao longo de 4 anos, tive que aprender a conciliar a graduação com o trabalho, em uma jornada de 15 horas diárias.

A formatura foi um dos momentos mais importantes da minha vida, pela formação acadêmica e também por perceber que eu era capaz. Ver os olhinhos da minha avó brilhando na primeira fila foi a maior recompensa por todo o sacrifício.

Agora sim, nutricionista! Essa era só uma batalha dentre muitas que estavam por vir, a próxima era conseguir um emprego. Permaneci como jornaleiro e à procura de trabalho na minha área. Nunca pensei no fracasso como uma possibilidade, mas estava sendo mais difícil do que imaginava.

Dois anos foi o tempo que precisei para conseguir três empregos simultâneos como nutricionista e ter um retorno financeiro três vezes acima da média dos profissionais da minha área. Até que isso acontecesse, permaneci sendo nutricionista e jornaleiro, com uma jornada de trabalho que ultrapassava 90 horas semanais. Durante esse período, dois grandes ensinamentos foram fundamentais para que eu conseguisse minha tão sonhada transição de carreira: **"Faça sempre mais do que lhe é pago para fazer"** e **"Network pode te levar a lugares que nunca imaginou"**.

Em 2015, tudo mudou! Em um dos meus trabalhos, foi-me imposto o cargo de "chefe" do Serviço de Nutrição. Isso nunca tinha passado pela minha cabeça, por alguns dias neguei e por muitas noites não consegui dormir. Eu não estava pronto, não me sentia capaz, não me achava no direito de assumir esse cargo, mas não era algo negociável e o diretor não voltaria atrás. Eu tinha 30 anos, alguns dos funcionários da equipe tinham mais tempo de trabalho do que eu tinha de idade.

Durante o período acadêmico nunca estudei sobre liderança, eu queria apenas ser nutricionista. Mas as coisas mudaram, aqueles que eram colegas anteriormente, agora estavam sob minha liderança e automaticamente sob minha responsabilidade. Eu tinha duas opções: desistir e perder um dos meus empregos ou aceitar esse desafio e tentar ser o melhor líder que conseguisse. Arriscam um palpite de qual foi minha decisão?

A partir daquele dia, me dediquei incansavelmente ao novo cargo e assumi a equipe que tinha o maior índice de rotatividade da instituição. Inicialmente, foram muitas tentativas, erros e acertos. Mesmo sem saber muito bem o que estava fazendo, conseguimos elevar nossa equipe àquela com menor *turnover* da organização em pouco tempo. Nosso time começou a ser notado e eu confesso que comecei a me surpreender com os resultados a cada dia. Mas percebi que não daria conta sozinho, encontrava muitas dificuldades, eu não tinha nenhum preparo acadêmico para aquilo que estava enfrentando, não tinha alguém a quem recorrer, não conseguia me espelhar em um líder próximo.

Em meio às leituras, ouvi algo que fez tudo mudar na minha jornada da liderança, a frase do famoso palestrante Jim Rohn: *"Você é a média das cinco pessoas com quem mais convive"*. Essa frase me trouxe inquietude por algum tempo, afinal eu não estava ao lado dos líderes brilhantes com quem desejaria estar. Foi aí que me veio o *insight*: "A única maneira de estar perto de grandes líderes, é através de suas obras, os livros". Nunca fui um exímio leitor, não gostava, não tinha o hábito e então descobri que **não preciso gostar de ler, basta gostar do resultado que a leitura me proporciona.**

Além da leitura e aprendizados, agora precisava aplicar o que estava aprendendo e eu tinha a oportunidade de estar em um verdadeiro "laboratório", não é mesmo? O conhecimento absorvido tem seu potencial transformado em potência quando colocado em prática e o caminho percorrido até então era uma escada, sendo construída degrau a degrau.

Tudo começou a ficar claro, os anos de atendimento ao cliente e "liderança" aos funcionários das bancas de jornais, a resiliência presenciada na história de vida do meu pai, a inteligência emocional e sabedoria da minha avó, estava tudo *linkado*.

Com o tempo, fui me afastando da Nutrição, me aproximando dia após dia da liderança e percebi que precisava de mais conhecimento acadêmico, então iniciei um MBA em Gestão de Pessoas e Liderança e fui mergulhando cada vez mais nos livros. Aos poucos, fui aprendendo, aplicando, errando, corrigindo, acertando e entendendo que muito do que estava nos livros eu já vinha fazendo de maneira empírica e hoje percebo que tenho um método validado, o **Método SIX da Liderança Assertiva**. São seis ferramentas de utilização fundamental por todo líder que tenha como objetivo liderar de maneira assertiva: Feedback, Comunicação, Liderança Assertiva, Foco no Liderado, Engajamento e Desligamento Humanizado.

Neste capítulo, vamos destacar a importância do *feedback* devidamente aplicado e dividimos esta ferramenta em 2 partes:

1. O feedback de desenvolvimento

Me lembro que quando minha avó me via em alguma ação errada, tinha o cuidado de aplicar a correção em um lugar reservado. Quem nunca ouviu a famosa frase "Quando chegar em casa, a gente conversa"? Isso é o que chamamos no mundo corporativo de *feedback de desenvolvimento.* Este deve ser aplicado sempre em particular, ninguém gosta de ser corrigido em público, isso pode trazer constrangimento ao colaborador abordado e aos demais pode lhe fazer parecer um líder autoritário, tirano e desumano. Embora mais de 90% dos líderes reconheçam não saber aplicar um *feedback* assertivo, essa é uma das principais ferramentas para o desenvolvimento de equipes.

2. O feedback positivo

Voltando à minha maior mentora (Dona Rosa), quando ela voltava da escola após a reunião de pais com o meu boletim repleto de boas notas, fazia questão de mostrar a todos que encontrava. Lembro perfeitamente dos olhinhos dela brilhando e o sorriso largo no rosto, nas reuniões de família, contando com satisfação todos os feitos que a enchiam de orgulho.

Somos seres humanos e logicamente gostamos de ser elogiados, mas que graça tem receber um elogio quando ninguém está ouvindo, não é mesmo? Nosso ego deve ser "massageado" em público. A ação de aplicar o *feedback positivo* na presença dos demais colaboradores mostra ao liderado abordado que ele está no caminho correto e que este comportamento deverá se repetir. Aos demais, traz um norte demonstrando o caminho a ser seguido.

"Caminhante, o caminho se faz ao caminhar". Essa frase do poeta espanhol Antônio Machado me fez refletir sobre os meus 37 anos de vida. Não há nada do meu passado que eu não consiga enxergar como um degrau dessa linda escada de subida até aqui. Até mesmo os percalços foram pedras necessárias para construir o caminho.

O pai que me tornei certamente é fruto de todo o aprendizado que adquiri com meu pai e minha avó. Sou um apaixonado por frases e certa vez ouvi do meu pai: "Quer conhecer a educação que deu aos seus filhos, observe a educação dos seus netos". Esse exemplo de liderança adquirido com esses mentores incríveis, me levou a compreender que **liderança não é apenas sobre conquistar seguidores, liderar é sobre formar uma legião de novos líderes.**

O Método *SIX* da Liderança Assertiva foi construído ao longo dos anos de maneira não intencional e hoje é aprimorado dia após dia em cada situação, cada conversa com um liderado e em cada novo livro explorado. Posso dizer que tenho um método validado, que foi construído com o somatório da vivência prática e de todo o aprofundamento teórico.

A todos que exercem um cargo de liderança ou almejam alcançá-lo em algum momento, seja como pai, professor, líder religioso ou executivo, sugiro começar com um passo de cada vez. Se não for possível estudar 2h por dia, estude 20 minutos, se não for possível ler 10 páginas por dia, leia duas. Mas comece, tenha iniciativa, constância e "acabativa". Muitas pessoas com menos conhecimento que você têm mais resultados que você, e por outro lado, você pode alcançar resultados muito maiores do que pessoas que têm muito mais conhecimento. Basta apenas uma decisão: escolha ser o líder da sua própria vida! **Seja você o líder que sempre desejou ter!**

Se gostaram do conteúdo, os convido a embarcar na incrível jornada da liderança. Será um prazer explicar cada uma das 6 ferramentas do Método *SIX* da Liderança Assertiva.

“

Liderança não é apenas sobre conquistar seguidores. Liderar é sobre formar uma legião de novos líderes.

Hudson Lara

Ivete Goldoni Moreti

Sou Ivete Goldoni Moreti, trabalho na Educação há 26 anos. Pedagoga, psicopedagoga e neuropsicopedagoga. Atualmente, estou cursando a terceira pós-graduação, em TDAH e Dislexia.

Atuo preparando profissionais da Educação (gestores, coordenadores, professores), famílias/responsáveis de estudantes da educação básica e universitários, para que, de forma precoce, entendam a manifestação de sinais do TDAH em crianças e adolescentes.

A proposta pretende oferecer contribuições para a prática profissional e para as vivências no cotidiano desse público. Levando a mensagem por meio da palestra "Desvendando o TDAH para transformar vidas", realizo assessoria nas escolas e também mentoria para os pais.

ivetegoldonimoreti

(67) 99282-4878

MUDANÇA: TRAJETÓRIA POR UM PROPÓSITO

14

Por Ivete Goldoni Moreti

Minha infância é lembrada pelas brincadeiras com meus dois irmãos nas plantações de café no interior do Paraná. Sou filha de Pedro Goldoni e Edinalva dos Santos Goldoni, agricultores de café. Em nossa família nunca faltou nada, mas vivia de maneira muito simples, na cidade de Santa Mônica, onde nasci e morei até meus 25 anos.

Entrei na escola com 7 anos e com 9, na 3ª série, descobri a profissão que queria seguir: "**ser professora**". Aos 18 anos, me casei com Heloisio Cesar Moreti e tive 2 filhos: Cesar Eduardo e João Pedro. Fiz o curso de Magistério, prestei concurso e realizei o meu sonho de dar aula na minha cidade.

Tudo estava indo bem para mim, já estava morando na casa construída do jeito que sonhei, dois filhos saudáveis e trabalhando no que amava. Mas, para meu esposo não. Ele ficou desempregado e resolveu tentar uma oportunidade em Portugal, sozinho. Estava tudo pronto para seguir esse caminho, fez passaporte, combinou de ir com dois amigos, só estava faltando marcar a data da partida, quando o pior aconteceu. João Pedro se queimou com leite quente. Deixei-o no meu quarto, para pegar seu tênis no quarto ao lado, quando de repente escutei os gritos, João Pedro puxou da pia um caneco com leite que tinha acabado de ferver, teve queimadura de 1º, 2º e 3º grau e ficou internado por 9 dias.

Foram dias de muito sofrimento. Ele queimou o rosto inteiro, as orelhas, uma parte da cabeça, ombro e uma parte do peito. Nos primeiros dias, ficou totalmente deformado. Ele ficou inchado e escuro, parecia um "monstrinho", a aparência horrorosa. A cada banho era um tormento para mim, gritava muito e voltava para o quarto sem uma parte da pele, em carne viva. Só no 5º dia de internação, o médico me disse que o perigo tinha passado. Mas continuamos por mais 4 dias no hospital e quando ele teve alta, os cuidados em casa continuaram, pois ainda era arriscado uma infecção.

Com toda essa situação desesperadora, meu esposo desistiu de ir embora para Portugal. Os irmãos o incentivaram a fazer um curso de prótese, aqui mesmo no Brasil. Então, resolveu ir para Campo Grande/MS. Teve um grande apoio do seu irmão Flávio, que procurou saber sobre o curso, valores, início do curso, e além disso ofereceu moradia. Ele foi sozinho tentar algo novo na cidade grande. A princípio, a ideia era eu ficar na minha cidade com as crianças até ele terminar o curso e só depois mudaria, quando estivesse trabalhando na área. Mas, não foi isso que aconteceu. Com 3 meses, já estava eu lá entregando currículos nas escolas de Campo Grande. Os meninos sentiram muito a falta do pai, então resolvi pedir demissão do cargo de professora, vendemos nossa casa e deixamos para trás toda a nossa família na cidade que morávamos. E enfrentamos juntos essa nova jornada.

Chegando em Campo Grande, ficamos no apartamento do meu cunhado por 40 dias, mas agora com os filhos. Depois alugamos um apartamento próximo ao condomínio dele. Meu esposo trabalhava na loja do irmão de dia e estudava à noite e eu arrumei um emprego de professora em uma escola de Educação Infantil, no período vespertino.

Depois de 4 meses, compramos um terreno mais próximo do meu trabalho e construímos no fundo do terreno uma edícula, contendo 2 quartos, sala, cozinha e banheiro. Entramos nela antes mesmo de ficar pronta. Não colocamos piso, forro, e a cobertura era de Eternit, por ser mais barata. Por conta da cobertura, a casa era muito quente, muito pó subia do chão quando era varrido, pelo fato de não ter piso, tentamos, mas não conseguimos finalizar, o dinheiro não deu. O valor de um imóvel numa cidade pequena do interior é muito diferente do valor de uma capital. Ficamos morando assim por 10 meses.

O orçamento era muito apertado. Tínhamos que pagar a mensalidade do curso do marido, o material utilizado era caro, mesmo com ajuda dos irmãos, comprávamos o essencial para sobreviver. A compra de mercado era só o essencial, só um tipo de fruta e um tipo de verdura. Tinha medo que os meus filhos ficassem prejudicados nutricionalmente, então comecei a pesquisar sobre as vitaminas dos alimentos para escolher os que apresentavam mais nutrientes, e assim, fazer a escolha certa na hora da compra. Mesmo economizando o salário do mês, não sobrava nada, algumas vezes até faltava.

Com 1 ano e 10 meses, meu esposo terminou o curso e começou a trabalhar na área. Pensei que ia melhorar financeiramente, afinal deixaria de pagar a mensalidade. Mas, continuamos vivendo apertados por mais 4 anos. Meu desejo também era crescer na minha profissão, então nesse mesmo ano prestei vestibular no curso de Pedagogia, com habilitação em Administração Escolar do Ensino Fundamental e do Ensino Médio, Magistério das Matérias Pedagógicas do Ensino Médio e também habilitada para o exercício do Magistério da Educação Infantil e Ensino Fundamental.

Entretanto, minha rotina ficou bem corrida. Trabalhava de dia e estudava à noite e muitas vezes ia dormir de madrugada para conseguir conciliar tudo. Contudo, tinha uma vantagem que me trazia paz, os meus filhos estudavam na mesma escola em que eu trabalhava, consegui bolsa para eles. Ficava sossegada por estar perto deles e por saber que estavam tendo a oportunidade de estudar em uma boa escola. A proprietária me ajudou muito. Me sentia tão acolhida naquele lugar, que tentava de tudo para o crescimento da escola, apoiava no que precisava. Meu marido ajudou no cuidado da horta por um tempo, cortou a grama algumas vezes e ajudava nas festas da escola. Eu ajudava quando a diretora tirava férias, olhando o planejamento e atividades das professoras; também atendia os pais nos horários em que não estava em sala de aula.

Me lembro de um episódio em que a diretora se desentendeu com uma professora do berçário. A proprietária me chamou e perguntou se eu podia assumir essa responsabilidade. Se eu fosse olhar para a minha rotina que já estava super exaustiva, diria NÃO. Mas aceitei, tinha muita gratidão pelo apoio que recebia. Meus filhos participavam de tudo que a escola oferecia (natação, inglês, aula de nutrição, alimentação), como mãe me sentia tranquila. E ajudar era uma forma de contribuir com a instituição.

Tive muitos desafios nesse período da minha vida, mas um, quando lembro me emociono. Recebi uma criança com deficiência intelectual para dar aula. Não tinha experiência com crianças com necessidades especiais, mas tinha uma certeza: ia fazer de tudo para ajudá-la. Então, pedi ajuda aos professores da faculdade, procurei uma sala de recursos para aprender a maneira de estimulá-lo e li muitos livros. Ele tinha 6 anos, não falava e ainda usava fraldas.

Foi um ano que vivi várias experiências com ele, mas valeu a pena cada pequeno progresso que vi na vida dele. Ele finalizou o ano falando palavras e pequenas frases, conhecendo a letra do seu nome e de alguns amigos da sala e melhorou muito seu comportamento na rotina da sala: parou de rasgar cartazes, de fugir da sala e aprendeu a comer sozinho. Ele me motivou a estudar mais e me fez ir além. Pesquisei sobre o "Papel da sala de recursos para crianças com deficiência mental", tema esse que foi da minha monografia na conclusão do curso de Pedagogia.

A nossa mudança para a cidade de Campo Grande foi cheia de surpresas inesperadas. Nesse percurso, vi meu esposo chorar no quarto escondido, tomei chuva indo para o trabalho de bicicleta, meu esposo já teve que andar 15 km a pé do curso até em casa, por não ter dinheiro do ônibus. Vivemos dias difíceis, muitas lutas e algumas vezes tivemos vontade de desistir de tudo e voltar para nossa cidade do interior. Não foi fácil largar tudo para enfrentar o novo. Mas enfrentamos cada obstáculo e superamos unidos. Nesse tempo, busquei muito, mas muito mesmo a presença de Deus. Acreditava que Ele estava guiando e cuidando de tudo, isso me fortalecia demais.

Foram 7 anos de muito aperto financeiro, mas não faltou persistência no dia a dia. Na vida, passamos por momentos difíceis, muitas vezes achamos que não vamos aguentar, mas tudo tem um propósito. Contudo, DEUS realmente deu uma virada nas nossas vidas.

Nessa escola, fui auxiliar de sala, professora, capacitei uma professora que não tinha experiência com alfabetização, acompanhei o berçário e depois que me formei, me tornei diretora pedagógica da escola. Hoje, vejo que fui preparada aos poucos para assumir a direção. Enfrentei as dificuldades e não perdi as oportunidades que Deus colocou à minha disposição para me preparar.

Além disso, a pesquisa que fiz, motivada a ajudar meu aluno com deficiência intelectual, foi um dos temas escolhido para apresentar no V Congresso Brasileiro Multidisciplinar de Educação Especial, em Londrina/PR. Fui motivada pela minha orientadora do curso a encaminhar o meu trabalho e ele foi um dos temas escolhidos para ser apresentado neste congresso. Anos depois, fui procurada pela NEA (Novas Edições Acadêmicas) interessada em publicá-lo. A NEA é parte de um grupo editorial (OmniScriptum), com matriz na cidade de Saabrucken, Alemanha. Livro hoje vendido pela Amazon, em vários países.

Já meu esposo montou seu laboratório de prótese no centro de Campo Grande. Também construímos nossa casa 3 vezes maior que a nossa casa do Paraná. Uma área construída de 260 metros, com piscina, banheira de hidromassagem no meu quarto e ainda realizamos o sonho do carro zero.

Foi uma jornada de resistência, me fortaleci no momento de dor e não desisti de crer. A fé e a confiança não me deixaram paralisar. Fui encorajada pela necessidade, mas sonhar faz toda diferença na nossa vida. O segredo da vitória é não parar e resistir aos obstáculos encontrados no caminho.

Pare de adiar seus sonhos, enfrente e com o direcionamento de DEUS, terá com certeza sucesso nas tuas buscas.

“

Na vida passamos por momentos difíceis que achamos que não vamos aguentar, mas tudo tem um propósito.

Ivete Goldoni Moreti

Jane Queiroz

Bacharel em Administração, pós-graduada em Gestão de Pessoas e Planejamento Estratégico, licenciada em Pedagogia e mestre em Psicologia do Desenvolvimento. *Master coach* e analista comportamental. Criadora do Método CHRONOS com foco na alta performance.

Natural de Campina Grande/PB, a cidade do maior São João do Mundo. Atuo há mais de 20 anos com desenvolvimento de pessoas, já transitei pela iniciativa privada e pública. Em 2018, fundei a Somnus Consultoria; atendemos em todo o Brasil, presencialmente e virtualmente.

Outra paixão minha é a orientação vocacional e de transição de carreira, ajudo pessoas a despertarem o seu verdadeiro chamado, entregando a elas uma vida com mais sentido e feliz.

janee_queiroz
(83) 99903-2741
janeerica.je@gmail.com

ACENDA A LUZ
QUE EXISTE EM VOCÊ

15

Por Jane Queiroz

Era o fim de uma tarde ensolarada de sábado, a conceituada família do interior seguia para a maternidade. A tão esperada menina se apressava para nascer. Um parto rápido e tranquilo, foi sempre a referência da mãe como o melhor parto, dentre 4 filhos. Essa menina não era como os demais, cresceu assim, muito proativa, destemida e criativa, em um lar de 3 irmãos homens.

Desde muito cedo, entendeu que veio para vencer barreiras de preconceitos: de gênero, de idade, de religião, social e de relacionamento afetivo. Passou por discriminação entre irmãos, amigos e parentes. Para a sociedade, aquela menina, moça, mulher, esteticamente, não correspondia aos padrões que chamassem atenção no primeiro olhar, mas o que carregava em sua alma encantava e atraía olhares por onde passava.

Construiu sua vida profissional com muita dedicação, resiliência e compromisso. Sempre se dedicou para alcançar os melhores resultados e ter êxito nos trabalhos em equipe. Na condição de líder de equipes, conseguia extrair de seu time os melhores números. Trabalhou no setor público e privado. Pautada numa expertise que lhe é peculiar, abriu uma consultoria para dar suporte e assessorar seus clientes na busca por grandes resultados.

Em um tempo recente, constatou que só encontramos a nossa melhor performance quando deixamos sobressair a luz, nosso melhor, nossa referência, motivação e missão de vida.

A neurociência afirma que os pensamentos têm poder de materializar-se através da formação de conexões neurônicas, ou seja, quanto mais um pensamento se faz presente, o cérebro tornará mais permanente a conexão neural relativa a ele. Existindo um pensamento recorrente, o processo de construção dessa estrutura é petrificante. É importante ressaltar que essas estruturas são feitas tanto de pensamentos positivos quanto negativos e que esses determinam nossos resultados.

O nosso cérebro não distingue o real do imaginário e esse fato, sendo recorrente, irá determinar o volume de novas conexões e o seu impulsionar. Ciente disso, convido você a construir pensamentos, conexões e/ou hábitos mais positivos, visionários e interativos, te impulsionando sempre por caminhos que te entregue resultados satisfatórios, ratificando, em todas as áreas de sua vida. Segundo o filósofo Marcos Theófilo, "O pensamento precede a ação. O pensamento é o *start* e o combustível de nossas atitudes". É preciso ter uma tomada de consciência e entender que a decisão está na observação de querer ser e se tornar mais e melhor.

Na procura do melhor ângulo, precisamos compreender o que é encarar de frente nossas fraquezas, nossa sombra. E na tomada de consciência do que é luz e sombra, você deve olhar sem tentar negá-la ou reclamar dela, se tornar vítima da sombra. De nada adianta fingir que não existe ou diminuir sua gravidade. Para superar, sobressair a luz, precisamos identificar os pontos fortes e fracos, e optar por lapidar os fracos e otimizar os fortes, intensificando nossa luz.

A Luz e a Sombra são metáforas para dar sentido à nossa dualidade existencial. Há muitas teorias e filosofias que dão outros nomes, talvez a mais conhecida seja o Yin e Yang. Todas essas versões de dualidade nos fazem entender que somos seres em evolução com particularidades. Assim, ao mesmo tempo em que podemos ser pessoas maravilhosas, também podemos ser ruins. Ao ponto de termos grandes habilidades, crenças – programações inseridas, com tudo que víamos, ouvíamos e sentíamos dos nossos pais, desde de quando nascemos e se tornam aprendizados para nós, em nossa mente – que nos impedem, muitas vezes, de avançar. Somos seres iluminados, mas também sombrios. Identificarmos esses pontos e sabermos usá-los em nosso favor é o que determinará onde nós chegaremos e como seremos vistos.

No filme "Carruagem de fogo", há um momento em que o treinador do time norte-americano avisa a seu atleta que o corredor britânico Eric Lidell não tinha fôlego para corrida de 400 metros livres, pois era especialista nos 100 metros livres. No entanto, outro atleta dos Estado Unidos diz: "Às vezes, aquele que parece (ou é!) o mais fraco tem um motivo tão forte que acaba por se superar". Como disse Friedrich Nietzsche: "Quem tem uma razão para viver é capaz de suportar qualquer coisa."

Muitas pessoas não dão atenção a detalhes que parecem sem importância, mas que se revelam fundamentais na hora da decisão, de ser luz ou sombra. Por isso, não avalie só circunstâncias exteriores, mas também as motivações. No âmbito pessoal, indague-se sempre sobre suas crenças que te limitam e seus talentos que te fazem crescer: Como você enxerga a si mesmo? Como você gostaria que os outros o vissem? Que tipo de pessoa gostaria de ser? Quais os piores e melhores resultados, por quê? O que te faz feliz? O que te deixa triste?

Em dezembro de 2020, aproximando os festejos de final de ano, fui fazer os famosos exames de rotina e tive a surpresa que ninguém gostaria de receber: "Jane, você está com um câncer de mama, em estágio inicial". Essa condição mudou todo meu planejamento de vida após o diagnóstico. Com filho de 1 ano e meio, e em pleno processo de transição de carreira, dado o fim de vínculo de 8 anos, enfrentar foi a solução.

Abre-se uma cratera a sua frente e você como sendo a mola propulsora de sua família, a base e o norte no dia a dia de sua casa, tem duas opções: reunir todos e dizer que vai morrer e está com uma doença incurável ou reunir a família e dizer que, apesar do diagnóstico, você irá se curar e vencer tudo o que vier pela frente, porque é guerreiro, acredita em um ser superior e na missão que não terminou.

Quando for analisar um cenário, nunca olhe só as possibilidades de que no final dará errado! Olhe as possibilidades de batalha que, apesar de árdua, poderá dar certo.

E assim, surgiu 2021: foram 10 meses de minha vida em tratamento, da cirurgia até a conclusão da radioterapia. Nesta mesma época, o mundo enfrentava uma terrível pandemia do Covid-19, que ceifou mais de 700 mil vidas. E eu ali, nos corredores dos hospitais a cada 15 dias, para tomar aplicação de quimioterapia, sabendo que aquelas aplicações baixariam ainda mais a minha imunidade, me tornando ainda mais vulnerável. E minha decisão, neste cenário de crise, a todo momento, era oferecer o meu melhor (minha luz) onde eu pusesse os meus pés.

Essa história chega a ser contraditória, quando observamos os meus resultados antes e durante o processo de tratamento. Foi o período que mais evolui, que mais busquei, que mais encontrei sentido na vida.

Muitas vezes, a guerra, a batalha, o conflito, nos lapida e nos fazem ainda melhores. É preciso considerar fatores que impulsionam, possibilidades e motivações para nos agarrarmos a elas e seguirmos confiantes, isso já representa 70% do resultado. O restante é técnica.

Decida vencer! Quando resolvi ser empresária, por mais que eu tivesse expertise e o que acrescentar nas instituições nas quais me propunha atender, admito que encarava o fato de ter que bater de porta em porta como algo negativo, e que uma carteira assinada e um salário fixo poderiam me trazer mais tranquilidade e segurança. Na minha visão, eu estava me rebaixando. Mesmo com essa crença, continuei nessa empreitada até conseguir revertê-la. Foi um exercício. Eu me habituei a fazer isso, passei a achar normal e, principalmente, abandonei o medo de vender o meu serviço – que era bom, honesto e útil.

No início não foi fácil mesmo, ser empresário no Brasil é desafiador. É necessário aplicar o método que criei denominado CHRONOS:

C – Criatividade: buscar sempre algo novo, que agregue, que some ao seu campo de atuação;

H – Habilidade: está voltado a suas aptidões natas. Descobrir o que você é bom fazendo, às vezes, aquela brincadeira de infância ou os finais de semana em família poderão te ajudar a lembrar desses seus dons;

R – Responsabilidade: consciência dos atos, compromisso com o que se propôs a fazer. Assumir algo que é seu, não transferir missões. Gerenciar e pôr a mão na massa quando chamado;

O – Objetividade: ser direto, proativo, não procrastinar, ser resolutivo. Busque clareza de papéis e direcionamento rápido;

N – Notabilidade: as redes sociais estão aí para evidenciar e ratificar a importância da notabilidade. Estar notável, é estar próximo, em evidência, ter networking, parcerias e visão macro;

O – Originalidade: ser autêntico, manter um padrão único, com missão, visão e valores sólidos;

S – Sagacidade: estar sensível ao meio, buscar ao menor sinal a oportunidade. Ousadia, inteligência e acuidade são sinônimas.

Segundo José Roberto Marques, CEO do Instituto Brasileiro de Coaching, quando você metaforiza a Luz e Sombra, e a questão das mudanças em sua vida após conseguir a clareza dessa dualidade - de honrar e respeitar a sua luz e a sua sombra - ele compartilha algumas dicas de como você pode respeitar sua própria história, para que assim você alcance a plenitude de se tornar inspiração para outras pessoas:

- Seja grato a todas as coisas que acontecem em sua vida diariamente;
- Lembre-se: honre e respeite a história de sua família e de onde você veio;
- Quando se sentir desanimado, pegue papel e caneta e escreva a sua história de vida, para que lembre-se sempre de quem você é, o que fez até aqui e o que ainda vai fazer;
- Evite se culpar e julgar excessivamente suas próprias ações, comportamentos e pensamentos;
- Procure honrar e respeitar a história das pessoas ao seu redor, ouvindo-as na essência e evitando todo e qualquer tipo de julgamento;
- Olhe-se no espelho e pratique o amor-próprio;
- Lembre-se a todo momento do que você é vencedor.

Esse processo de autoconhecimento e reflexão te ajudará a alcançar outro nível e você conquistará resultados extraordinários, decida ser vencedor, decida ser protagonista de sua história, decida ser inspiração para outras pessoas.

EU DECIDI ser inspiração, construindo uma vida pautada nas conquistas e objetivos pessoais.

Que a luz que habita em você reflita nas pessoas e abrilhantem sua caminhada.

Histórias inspiram histórias. Seja Luz, seja INSPIRAÇÃO.

“

A tua luz te traz o sucesso, enquanto a tua sombra te escraviza. SEJA LUZ, vença!

Jane Queiroz

Juliana Aranda

Olá! Sou Juliana Aranda, nasci em Mirandópolis/SP e sou filha de Laurentina e Aparecido. Meus pais viviam em um relacionamento muito conturbado, já haviam perdido 4 filhos e quando completei 3 meses, minha mãe teve coragem e decidiu deixar o meu pai e fugir, entrou no trem em Três Lagoas em direção à capital de Mato Grosso do Sul e desembarcamos na estação ferroviária de Campo Grande, eu, ela e uma bolsa.

Hoje, com 48 anos, sou empresária e administro uma empresa desde 1993, sou casada há 28 anos, fiz faculdade depois de casada e com 2 filhos, concluí as formações Dale Carnegie e Master Coach-IBC. Estou diretora da Associação Comercial e Industrial de Campo Grande e coordeno o Conselho da Mulher.

A mudança só acontece quando estamos dispostos a fazer diferente, com energia e coragem.

julianaarandaru
(67) 99983-5702

A MUDANÇA COMEÇA EM VOCÊ

16

Por Juliana Aranda

Minha história poderia ter sido diferente. Quando meus pais se casaram, havia muito amor, mas não havia maturidade, respeito e inteligência emocional. Minha mãe conta que perdeu 3 filhos ainda na gestação e mais um de adoção, e quando engravidou novamente, precisou ficar internada por 6 meses para que eu viesse ao mundo. Mamãe, uma mulher visionária e muito guerreira, só pensava em me salvar e nos proporcionar uma vida melhor, pensou muito e quando decidiu fugir do meu pai, já não aguentava mais manter um casamento com um jovem irresponsável que bebia muito e usava substâncias ilícitas na veia. As brigas eram constantes, mas piorava quando ele me levava para o bar com 2 meses de nascida, ficava violento, e a solução foi fugir para uma cidade onde pudesse reconstruir a sua vida, afinal, ela tinha apenas 21 anos e a família sempre foi contra esse casamento. Decidiu sim, pelo caminho mais difícil, porém a melhor estrada.

Saímos de Três Lagoas em direção a Campo Grande/MS e desembarcamos na estação ferroviária. Saindo de lá, ela andou algumas quadras e encontrou uma senhora que cuidava de crianças, começou a conversar, contou a nossa história e ela nos ofereceu abrigo.

No outro dia, minha mãe saiu cedo e logo conseguiu um emprego em uma fábrica, fez diária como costureira, afinal, aprendeu a costura muito jovem. Após alguns dias, conseguiu um emprego em uma farmácia e 2 anos depois, entrou na clínica de Campo Grande, onde se organizou financeiramente.

Uma mulher linda, de olhos verdes e cabelos cor de mel, valorosa, encantava a todos, era trabalhadeira e esforçada. Quando eu tinha 5 anos, conheceu um senhor e foi morar com ele, teve 2 filhos, mas quando eu estava com 12 anos, contei a uma prima alguns comportamentos que não eram aceitáveis para um padrasto, ela contou para a minha tia, que contou para minha mãe e o relacionamento da minha mãe acabou. Fiquei por muito tempo me sentindo culpada, porque via minha mãe tendo que voltar a trabalhar muito, não tínhamos pensão de nenhum dos pais. O que eu conseguia fazer para ajudar era cuidar dos meus irmãos, para que a minha mãe pudesse trabalhar. Tudo ficou muito mais difícil, mas lembro-me bem que a mamãe fazia uma deliciosa sopa de farinha de milho com caldo de galinha e, com pouco, sobrevivemos e éramos felizes.

Quando iniciei o Ensino Médio, fui estagiar na Caixa Econômica, era longe, aprendi a pegar ônibus e trabalhei neste lugar por quase 1 ano. Lá conheci um rapaz e me apaixonei, porém, eu tinha 14 anos e ele 28, o dobro da minha idade. Minha mãe, inclusive, falou: "Ele não é para você" e ele também pensava assim. Quando houve uma mudança de governo, muitos estagiários foram demitidos, inclusive eu. Nesse momento, minha mãe estava de atestado pelo INSS, porque se acidentou no trabalho e fraturou a coluna, ficando imobilizada por um longo tempo. Minha tia e minha avó já estavam morando em Campo Grande e nos ajudavam, mas no ano seguinte, minha avó faleceu e novamente a nossa situação ficou difícil.

Trabalhei em lojas do comércio com 15 anos e com 18 fui selecionada para trabalhar no banco Bamerindus. A habilidade no atendimento aos clientes me transformou na melhor vendedora de produtos financeiros, seguros e títulos de capitalização do estado, sendo premiada como destaque. O banco depositava a comissão de todos os produtos na minha conta, dava para pagar as contas de casa e ainda sobrava uma parte, que eu guardava para alguma eventualidade. Agora sim, nossa vida financeira estava mais organizada e previsível, a minha mãe trabalhando no hospital particular da cidade, administrando o setor de compras e eu crescendo no banco.

Era um fim de tarde, eu estava caminhando em direção ao centro e, de repente, encontrei aquele rapaz que trabalhou comigo quando eu era estagiária da Caixa Econômica. Parou o carro, começamos a conversar, já havia se passado 4 anos e agora eu tinha completado 18 anos. Me convidou para um luau na casa de um amigo, no Jardim das Paineiras e eu aceitei, eu usava uma aliança na mão direita, mas ninguém sabia quem era o noivo, na minha mente era ele. Daquele dia em diante começamos a namorar e estamos juntos desde então.

Tudo na minha vida tem a mão de Deus, Ele nunca me desamparou. Vamos aos fatos.

Minha mãe estava insatisfeita com o fornecedor de uniformes do hospital e com a ideia de empreender, me convidou para abrirmos um negócio, uma confecção de uniformes, para atender à demanda do hospital e também a possibilidade de oferecer aos clientes do Banco onde eu trabalhava. Começamos na área de serviço da casa da minha mãe, tendo como primeiros colaboradores uma tia e irmãos. Unidos ao sonho de empreender dessa guerreira, surgiu a empresa de confecção, começamos com 3 máquinas, mas ainda faltava uma que era a mais cara. Oferecemos a sociedade ao meu namorado, que aportou um capital de 50% do negócio para a compra da máquina galoneira.

A empresa começou a crescer, tínhamos muitos pedidos, minha mãe pediu as contas do hospital e eu do banco, desta forma nos dedicamos exclusivamente à empresa, em dezembro do mesmo ano, eu e meu namorado oficializamos o nosso casamento. Após 3 meses de casada, engravidamos de nossa primeira filha, que nasceu em meio a muito trabalho, falta de recursos, busca de empréstimos para capital de giro. A situação ficava cada vez mais difícil, a produção não acompanhava e no final faltava dinheiro no caixa.

A falta de conhecimento e de experiência trouxeram muitos prejuízos e acumulamos uma dívida que não estávamos conseguindo honrar. Nesse momento, Deus agiu e surgiu uma oportunidade de mudarmos para São Paulo, um PMI – Programa de Migração Interna, da Caixa Econômica, em nível nacional: qualquer funcionário do Brasil que fosse transferido para São Paulo receberia um valor para ficar, no mínimo, por 4 anos ou devolveria este valor proporcionalmente. Esperamos ansiosos por abrir as inscrições e conseguimos a transferência. Pagamos toda a dívida, vendemos o apartamento e mudamos para Jundiaí/SP. Meu esposo foi trabalhar na Agência da Av. Paulista, todos os dias viajava para trabalhar por 1h30min. Eu ficava com a minha filha Thais no apartamento que conseguimos comprar no leilão da CAIXA, com o FGTS dele e logo engravidamos do nosso segundo filho, Pedro.

Deixamos a empresa para a minha mãe, pensei que nunca mais voltaria a empreender nessa área. Ledo engano, todos os anos quando visitava a minha mãe, meus olhos brilhavam e a vontade de voltar para Campo Grande aumentava a cada dia. Após o período de carência de 4 anos, resolvemos voltar, mas meu esposo sonhava em passar no concurso da magistratura, afinal ele havia se formado em Direito no ano em que nos mudamos para São Paulo e agora, sem muitas preocupações, estava formado e apto para concorrer. Conversamos muito e ficou decidido que ele ficaria 1 ano em São Paulo e eu voltaria, agora com 2 crianças, para morar em Campo Grande. Vendemos o apartamento e depositamos o dinheiro em uma conta para planejarmos como seria a nossa vida a partir dali e eu, novamente, estava com a minha mãe no setor de confecção.

Muitos dos desafios foram superados ao longo do tempo, com a busca do conhecimento, consultorias, cursos, palestras, pesquisas em livros e revistas, visitas em feiras do segmento, viagens com empresários em missões técnicas e muitas reuniões no Sebrae. Enfim, tudo contribuiu para o sucesso da empresa que hoje emprega mais de 50 colaboradores, em sua maioria mulheres, e é referência na fabricação e venda de uniformes escolares e profissionais em Campo Grande e em todo o estado de Mato Grosso do Sul.

A coragem e a fé foram os pilares do sucesso da empresa, retornei aos estudos depois de casada e com dois filhos pequenos. Me formei em Gestão de Micro e Pequenas Empresas, fiz pós-graduação em Negócios, MBA de Marketing na FGV, Empretec no Sebrae, 5 formações no Dale Carnegian. Em 2018, concluí um MBI – Indústria Avançada 4.0 e hoje me sinto mais preparada para a tomada de decisões na minha vida de forma rápida e disruptiva. Em 2019, fui diplomada *coach* pelo Instituto Brasileiro de Coaching - IBC, com 6 certificações internacionais e no ano seguinte, fui formada em *master coach*.

Fui candidata a vereadora, sendo a mulher mais votada no PSL em 2018, ficando suplente. Após 2 anos, fui candidata à deputada estadual, mas não fui eleita. Sempre participei das pastorais na igreja, fui catequista por 15 anos, quando me casei, participamos do Encontro de Casais com Cristo – ECC e atualmente coordenamos o ECC 2° Etapa, na Paróquia São Francisco. Somos ministros da Sagrada Comunhão Eucarística e estamos na Coordenação do Conselho Pastoral Paroquial – CPP.

Hoje, após longos anos de estudo e reflexão, sinto no meu coração um desejo de compartilhar a minha história e inspirar outras pessoas.

Agora, pense em quantas oportunidades você já deixou passar porque ficou pensando sobre o que fizeram com você no passado e se esquece o presente, que depende somente de você.

Hoje posso dizer que sou uma mulher de sorte, porque sempre tive Deus na minha vida. Você conhece aquela palavra DEUSCIDÊNCIA? É quando Deus se comunica com você e muitas vezes você nem percebe, acha que é instinto, que é intuição, sorte ou qualquer outra coisa.

Agora te pergunto: o que você faria de diferente, conhecendo a minha história?

Quero que esta seja uma oportunidade para perceber o amor de Deus com você e os milagres diários que Ele tem realizado na sua vida.

Momentos difíceis podem vir, mas com coragem, determinação, perseverança e fé, tudo passa. Nunca se esqueça: após cada dificuldade, surgem oportunidades com novas possibilidades.

A história é sua, reescreva. As escolhas são individuais e o resultado também.

Identificar oportunidades onde poucos enxergam e encarar de frente os desafios e dificuldades, faz de cada um o protagonista de uma linda história: a sua!

E quando olho hoje para minha vida, chego a uma conclusão:

a mudança começa em mim.

A história é sua, honre-a.

Juliana Aranda

Juliana Vinhais

Meu nome é Juliana Vinhais, tenho 42 anos, sou casada e tenho 2 filhos – uma anjinha e um menino de 6 anos e cachinhos dourados. Sou psicóloga, servidora pública, palestrante e agora, escritora.

Atuo na área pública com saúde emocional, saúde mental, álcool e outras drogas há 11 anos; e em consultório particular há 16 anos. Sou mestranda no Mestrado Profissional do IPUB/UFRJ.

Já fiz participações em programas de rádio, amo trabalhar com grupos e dar palestras, levando um pouco da minha história e transformação às pessoas. Se quiser conhecer um pouco mais de mim ou falar comigo, acesse minhas redes sociais:

julianavinhais.psicologa

juliana.c.c.vinhais@gmail.com

(21) 98705-0107

RESILIÊNCIA PARA SOBREVIVER AO IMPOSSÍVEL

17

Por Juliana Vinhais

Nunca me esquecerei do que aconteceu naquela quarta-feira. Dia 27 de janeiro de 2016, meu mundo caiu. Lembro de correr para a rua sem saber aonde estava indo, queria sumir, só queria não existir naquele momento.

O dia havia começado normal. A essa altura, a barriga pesava bastante, o calor, o inchaço de pés, mãos e dores na coluna incomodavam e eu, já de licença médica, fui com meu lindo barrigão ver tv e repousar no ar-condicionado da sala da minha mãe, onde morávamos na época.

Apesar desses incômodos naturais da gravidez, eu estava plena e radiante. Sempre foi meu sonho ser mãe, desde criança, quando brincava de boneca com minhas amigas do prédio. Quando o médico revelou o sexo do bebê, não podia pensar em outro nome, que não fosse aquele dado a todas minhas filhas "de brinquedo": *Ana Júlia*. A menina em meu ventre assim se chamaria e ela era, desde a concepção, a maior alegria das nossas vidas. Ela talvez não soubesse, mas já era muito amada.

Foi engraçado quando decidimos engravidar. Um dia, meu marido falou: "Você toma anticoncepcionais há mais de 10 anos, né?" Respondi que sim. Ele continuou: "Soube que fazem mal à saúde", "Sim", eu disse. Ele, então, concluiu com um sorriso discreto: "O que você acha de parar de tomá-los?" Eu concordei. Nos olhamos e sabíamos que, naquele instante, tínhamos tomado a nossa decisão mais importante.

Assim, em pouco tempo estávamos "grávidos" e felizes. Minha gestação foi tranquila: exames normais, ela se desenvolvia saudável e querida. Compramos o enxoval e aprontamos tudo para a nossa filha vir para o seu lar assim que saísse do hospital. Nossos amigos vieram ajudar na decoração do quartinho e brindar a sua vinda. Tudo corria de forma perfeita.

Bolsa da maternidade arrumada perto da porta, aguardávamos ansiosamente o seu nascimento. Sabíamos que teríamos que estar preparados, só nunca imaginaríamos para o quê, não tinha como saber, não mesmo.

Prestes a fazer 40 semanas, fui caminhando para uma consulta de rotina. Minha obstetra me examinou e tentou auscultar o coração de Ana Júlia... não conseguiu; disse que isso poderia acontecer pelo seu tamanho e posição, mas me falou para ir à maternidade e ter certeza de que tudo estava bem. Apesar da serenidade em seu rosto, eu sabia que havia algo errado. No caminho, pedi que minha mãe levasse a pasta com meus exames e avisei ao meu marido que faria uma ultrassonografia. Um nervoso imenso tomou conta de mim e comecei a chorar, enquanto corria para o ponto de ônibus. Acabei pegando a condução errada e desci longe do local. Lembro-me claramente de andar debaixo de um sol escaldante e pensar: "Tenho que chegar logo, minha bebê está em sofrimento". Minha prima me pegou no meio do caminho e me levou ao hospital. Chegando lá, consegui me acalmar: "Agora Ana Júlia pode nascer."

Na ultra, as duas médicas mexiam com o transdutor para lá e para cá, tentavam esconder o nervoso, cochicharam e uma delas saiu abrupta da sala (tempos depois, descobri que ela havia tido bebê há pouco tempo e não suportou me dar a notícia). Quando olhei para a tela, meu neném estava imóvel. O líquido amniótico havia sido absorvido pelo meu organismo e ela caiu como num sono profundo. Perguntava o que estava acontecendo, ouvia as palavras, mas não entendia, não queria entender, acho que meu marido entrou na sala. Eu perguntava se Ana Júlia ia ficar bem, se nasceria agora, até que a médica respondeu: "Não, Juliana, a filha de vocês não vai nascer." O coração dela já não batia mais.

Naquele momento, eu senti a maior dor da minha vida, uma dor insuportável, uma dor que me tirou do corpo. Como lidar com isso? Minha vontade foi de sumir. Alguém estaria preparado para passar por tamanha provação? Quando lidamos com situações novas, geralmente não é fácil, a novidade desorganiza uma estrutura emocional já conhecida. E se for uma dor imensa, como a perda de um filho tão esperado, como enfrentar?

Minha vida poderia ter acabado naquele momento; por um instante, ela acabou. Viver uma realidade sem minha filha não parecia ser possível. Em meio a uma avalanche de sentimentos, me vi tendo que tomar várias decisões. Mas como decidir algo? Como ter liberdade de escolha, diante de algo que rouba teu chão e tua alegria? Segundo Viktor Frankl, neuropsiquiatra austríaco, que sobreviveu a quatro campos de concentração entre 1942 e 1945, sim. Ele dizia: *"Podem roubar tudo de um homem, salvo uma coisa: a última das liberdades humanas – a escolha da atitude pessoal frente a um conjunto de circunstâncias – para decidir seu próprio caminho."*

É claro, somos afetados por fatores hereditários, ambientais, da infância, fatos que não controlamos. Entretanto, apesar dessas limitações e dentro delas, existe um espaço de decisão só nosso, onde somos livres e é ali que nós que fazemos as escolhas. Nem que seja a maneira como vamos sofrer.

Assim, decidimos pela cesariana – como passar pelo trabalho de parto e não tê-la viva? Fiz questão de vê-la, segurar nossa bebê no colo, senti-la. Escolhemos sua roupinha, onde seria enterrada e a mais importante e dolorosa decisão: faríamos ou não a necropsia nela e na minha placenta? Esse era o único jeito de tentar descobrir o que aconteceu com Ana Júlia.

Porém, antes, era primordial pensar se queríamos engravidar mais uma vez. A resposta era SIM. Escolhi ser mãe novamente e ele, ser pai. Escolhi um dia poder voltar a ser feliz.

Se íamos tentar de novo, tínhamos que saber o que houve e fazer de tudo para o destino não se repetir. Fomos até uma médica referência em perdas gestacionais. Após muitos exames e com o parecer da legista, chegou-se ao diagnóstico de *Trombofilia – distúrbio que aumenta a formação de coágulos no sangue.* No meu caso, o coágulo foi formado numa veia do cordão umbilical, impedindo que Ana Júlia recebesse oxigênio e nutrientes.

Descoberto o problema, entrei numa verdadeira saga para engravidar com mais segurança. Consegui as injeções de anticoagulante (as aplicações eram feitas diariamente em minha barriga durante a gravidez e 40 dias após). E após 5 meses daquele fatídico dia, eu engravidei. Foi um misto de felicidade e medo. Tive uma gestação tensa, precisei me licenciar do trabalho e cada vez que não ouvíamos seu coraçãozinho, corríamos ao hospital. Enfim, no dia 02 de março de 2017, nasceu Rodrigo Lucca, careca, com lindos olhos azuis e perfeitamente saudável.

Muita gente me pergunta como consegui superar isso. Passamos, eu e meu marido, por dias muito difíceis, não sei se essas páginas conseguem traduzir tamanha dor. Por muitas semanas, eu acordava às 3h da madrugada, com um forte aperto no peito. Então, com o apoio do meu esposo, família e amigos, e tendo certo em minha mente que seria mãe (de novo), foi possível AGIR, canalizar minhas forças e transcender a dor!

Eu não podia mudar o fato que minha filha havia morrido, por mais que eu quisesse, mas definir como viver aquele luto foi minha decisão, como seguir em frente e qual significado sua morte teria em minha vida e até na de outras pessoas. Nós escolhemos qual postura assumir diante das situações, mesmo na pior delas, qual aprendizado tiraríamos daquele sofrimento e fazer algo de positivo com isso. Você escolhe ser vítima ou protagonista da sua história. Já dizia o filósofo Jean Paul Sartre: *"Não importa o que a vida fez de você, mas o que você faz com o que a vida fez de você."*. Óbvio que importa o que houve, porque dói, e dói muito, mas como lidamos é o que nos define, isso está em nossas mãos e na de mais ninguém.

O que nos aconteceu mobilizou muita gente, inclusive nas redes sociais, li mensagens lindas de apoio, empatia e força. Várias pessoas me contaram suas histórias de perda, muitas falam o quão resiliente sou. E acho que essa resiliência foi determinante em todo processo. A resiliência humana é a capacidade da pessoa enfrentar, superar e transformar-se ao viver a adversidade. Não é não sofrer, não é sair ileso; é sair transformado, fortalecido. Não nascemos resilientes, aprendemos a ser, se estimulados.

Todavia, não basta ser resiliente, segundo Viktor Frankl, temos de descobrir o sentido da vida. Ela sempre oferece uma possibilidade de realização de sentido, seja no amor, numa tarefa ou trabalho, ou pela atitude que tomamos em relação ao sofrimento inevitável.

"Até o último suspiro", viver é ter que assumir responsabilidade pelas respostas às questões da vida e encontrar um sentido mais profundo que nos norteie.

Eu encontrei sentido na minha perda e na vida de Ana Júlia – sua eventual brevidade está longe de torná-la desprovida de sentido. Minha bebê cumpriu sua missão na terra, acredito nisso. No meu ventre, ela me ensinou o amor incondicional; veio para que eu descobrisse a trombofilia; para dar a vida para que seu irmão, meu bebê arco-íris, viesse ao mundo e fosse a nossa razão de viver.

O falecimento de Ana foi um divisor de águas: através da minha história e da minha atuação profissional, pude transformar vidas, ajudar pessoas que passaram por dores e perdas insuportáveis a seguir em frente numa vida com sentido.

Sendo mãe e sendo psicóloga, consigo impactar vidas e inspirar pessoas de que é possível viver, sejam quaisquer as circunstâncias, se você se permitir:

- ***S***entir a dor

- Re*S*significar a experiência;

- *S*uperar o sofrimento;

- *S*eguir em frente;

- e descobrir um *S*entido na vida! (Método dos 5 S's)

No final das contas, foram as minhas maiores dores e perdas, minhas ditas "fraquezas", que me transformaram e se tornaram minhas verdadeiras fortalezas. E assim me ajudaram a descobrir o meu real sentido na vida.

Sobre a vida, Viktor Frankl fala: *"O que permanece dela, o que restará dela, o que de nós pode sobreviver é aquilo realizado durante nossa existência e que continuará a repercutir pra além de nós."* Por isso, te convido a pensar em realidades: a realidade de um amor vivido, de um trabalho desenvolvido e do sofrimento enfrentado com bravura. Que realidades ou que histórias você contará daqui a 5, 10... 50 anos? Qual sentido ou sentidos terá tido a sua existência?

“

*No final das contas,
foram as minhas maiores
dores e perdas, minhas
ditas ‘fraquezas’, que
me transformaram e se
tornaram minhas verdadeiras
fortalezas.*

Juliana Vinhais

Juliana Zanrosso Caran

Formou-se médica na UCS em 2007 e fez residência no HCPA em Ginecologia e Obstetrícia, de 2008 a 2011 - em 2012, obteve o TEGO pela FEBRASGO. Insaciável aprendiz, é mestre em Medicina pela UFRGS.

No decorrer de sua carreira, tornou-se gestora em saúde: em 2022, concluiu o MBA em Serviços, Gestão e Inovação em Saúde pela PUCRS.

Apaixonada pelo ser humano, desenvolve-se continuamente na temática de múltiplas inteligências, com foco na inteligência emocional.

Atualmente, cursa MBA em *Soft Skills* pelo Business Behavior Institute of Chicago e MBA em *Full Coaching* pelo IOC. Criativa e proativa na resolução de problemas, gosta de compartilhar conhecimento.

É estrategista de produtividade e cumprimento de metas.

juli_zanrosso
Juliana Zanrosso Caran

JULI COM I: DE IMPROVÁVEL A IMPARÁVEL

18

Por Juliana Zanrosso Caran

Era quase sempre tarde da noite quando minha mãe gritava à janela de casa chamando por mim e minha irmã. Infância feliz tivemos, brincando na rua, andando de bicicleta, pulando muros, roubando margaridas e florezinhas para entregá-las à mamãe quando voltássemos das brincadeiras. Desde cedo, sentia-me muito contente ao ler livros para minha irmã menor – e meus favoritos, naquela época, eram os contos de fadas. Sonhava em ser bonita como a Cinderela.

Com o passar do tempo, sentia cada vez mais prazer nas leituras e em curtir momentos de solitude, ouvindo os discos de vinil de minha mãe – ela com seu gosto eclético, apresentou-me a Roberto Carlos e Madonna – e eu devorava cada LP, como eram chamados, decorando todas as letras nacionais e reproduzindo-as. Eu nunca tive facilidade para aprender a língua inglesa e acabava sendo divertido tentar cantar as músicas internacionais.

Na chegada da adolescência, o desafio das interações sociais se tornou um verdadeiro obstáculo na construção da minha autoestima. Vinda de uma família do interior de Caxias do Sul, morávamos num bairro na divisa entre zona urbana e zona rural – havia poucas casas próximas. Para nos deslocarmos à escola, usávamos o transporte público – não raro ficávamos com narizes e orelhas vermelhas e geladas ao aguardar o ônibus nas manhãs de inverno.

Tínhamos hábitos de vida simples, sem quaisquer luxos – ainda que não tenhamos enfrentado problemas de subsistência. Vivenciei nessa época processos terapêuticos ortodônticos – um sem-fim de cirurgias odontológicas, para que eu pudesse ter uma mordida normal, além de conseguir sorrir mais livremente. Não bastasse o sentimento ruim que me despertava aquele aparelho enorme nos dentes e ao redor do rosto, descobri nessa época minha miopia e meu astigmatismo (que acabariam por evoluir para um ceratocone unilateral) e que me exigiram o uso obrigatório de lentes corretivas para executar minhas atividades cotidianas.

Todos esses adereços indispensáveis para minha saúde acabaram por produzir em mim um sentimento de inadequação – e eu me sentia mais feliz nos momentos de leitura e estudos do que em eventos familiares ou entre colegas de escola. A tristeza e o meu isolamento geraram preocupação em meus pais, que propuseram mudança para um novo colégio, que havia sido inaugurado no campus universitário um ano antes. Assim, realizei todo meu Ensino Médio com uma proposta pedagógica diferente: as regras da escola cabiam todas em uma folha de ofício apenas – sabíamos todas e tínhamos uma liberdade evidente. Lá conheci a amiga que me acompanha pelas estradas da vida até o dia em que te conto essa história.

Nesse período, iniciavam as atividades para descobrirmos nossos talentos e, assim, definirmos nosso futuro profissional – a carreira que escolheríamos para trilhar. Em uma tarde, meu pai começou a manifestar seu sonho de ter uma filha médica. Minha rebeldia me levou a algumas discussões com ele sobre esse assunto. No fundo, sabíamos mutuamente que minha oposição se devia basicamente a uma baixa confiança minha de que eu seria capaz de ser aprovada em algo tão difícil e competitivo. Eram cerca de 25 candidatos por vaga. De forma inconsciente, minhas duras palavras ao meu pai eram sobre um senso de não merecimento. Ainda assim, teimosamente, ele insistia: "Você vai ser médica".

Gabaritei a redação e fui muitíssimo bem em matemática. Só que, para chegar a este ponto, dormi pouco, li muito. Colei folhas coloridas, com esquemas de química e fórmulas de física pelo meu quarto inteiro. Invadi a cozinha com *post-its*, refiz a mesma prova antiga mais de dez vezes, até que, mesmo antes de ler o fim da pergunta, eu já sabia da resposta. Eu fui reprovada no vestibular duas vezes. Na terceira vez, soube que seria uma estudante universitária no último dia de provas – quando corrigi todas juntas. Eu me recordo até hoje que fazia sol naquela tarde. Eu saí do meu quarto, peito inflado e braços trêmulos. Encontrei meu pai na varanda de casa – olhei para ele, ele não disse nada. Virou-se para mim e esperou – e, então, eu disse:

"Pai, eu consegui". Ele me abraçou tão forte, sorriu o seu sorriso mais largo – eu só chorei, sequer conseguia dizer mais palavras.

Ao ouvir meu nome no rádio (velhos tempos!), na leitura dos aprovados no vestibular para Medicina, chorei mais uma vez. É claro que, até aqui, você já pode perceber que não pago imposto pelas lágrimas que derramo. Só que chorar de alegria por uma conquista tão desejada e tão batalhada é algo que só é possível entender vivenciando. Nenhuma palavra que eu escolher para tentar traduzir este sentimento será plenamente fidedigna.

O que me fez melhorar de forma tão significativa meu desempenho na terceira vez? Primeiramente, a confiança de que eu era merecedora e de que havia dado o meu melhor para realizar aquela conquista. Depois, e mais importante, aprendi as estratégias corretas: valorizar minhas fortalezas e direcionar meu estudo ao que efetivamente me faria aprovada, ao invés de despender grandes quantidades de energia tentando vencer minhas fragilidades.

Eu optei por cuidar de outras vidas, mesmo que, em muitos momentos, isto significasse guardar os meus próprios sintomas no bolso. Fui aprendendo que cuidar de alguém significa dedicar-se integralmente à escuta do que lhe fere e conceder-lhe a mais devotada atenção possível. Ao longo de seis anos, conheci mestres que me mostraram que a única forma de aprender medicina de verdade, era sendo um ser humano de verdade.

Naquele primeiro ano, conheci o professor que seria o mais importante e inspirador – ouvi dele a frase que jamais esqueci: *"Precisamos nos tornar seres humanos maiores e melhores"*. Realizei provas nem tão difíceis, outras que me descabelaram por semanas. Ri muito com meus colegas, choramos juntos também, algumas vezes, afinal, algumas batalhas a gente perde – a não ser que você nunca tenha lutado. Tornei-me médica, aprofundei meus conhecimentos na humanidade e na ciência. E amei.

Livros, provas, estudos, biblioteca, meus olhos, meu cansaço, todas as manhãs, alguns dias inteiros, tantos domingos. Fisiologia, patologia, cirurgia, ossos, músculos, nervos – um coração, dois pulmões, um fígado, dois rins – uma acadêmica, uma doutoranda, como são chamados os estudantes de medicina no sexto ano de faculdade. Cinco anos passaram em uma velocidade assombrosa – acumulei conhecimento tamanho, sequer imaginava ser possível. Sabia, porém, que havia muito a aprender.

Último ano. Toquei uma nova vida pela primeira vez – realizei aquele parto normal com toda a técnica que me tinham ensinado e com todo o carinho que sentia por aquele ato, com as mãos que já haviam tocado a pele fria da morte e a pele quente da vida que sofre. Toquei, naquela manhã, a pele quente da vida sem doença, da vida que traz esperança àqueles que já perderam um pouco, da vida que traz em si a paz que o tempo nos ousa roubar. Fiz minha escolha naquele dia – a obstetrícia e a ginecologia me fariam grata pela escolha que marquei no vestibular.

Desde aquele longínquo janeiro, lembro-me de outra frase do mestre Moreira: *"Medicina é feita de suor e lágrimas"*. Presenciei a capacidade das pessoas para o amor, para a coragem, para a resistência. Vi o ser humano no seu melhor e no seu pior momento. Trouxe notícias de vida e de morte. Chorei escondida, revelei lágrimas que não contive. Sorri com a cura, ganhei presentes, aliviei a dor daqueles cuja doença se acreditava vitoriosa.

Ao erguer o diploma durante a cerimônia de formatura, mirei ao longe, busquei na plateia os olhos do meu pai – num gesto de amor e de gratidão infinitos, apontei o canudo para ele e disse: "É pra ti, é teu". Médica, enfim, médica. Um sonho concretizado de tornar melhor a vida de outrem, para que a minha pudesse fazer mais sentido.

Seis anos depois, num iluminado sábado de sol, eu estava atendendo minhas pacientes ginecológicas no Ambulatório Municipal de Santa Maria do Herval, no interior do Rio Grande do Sul, quando recebi a ligação que mudaria minha vida para sempre. A primavera escureceu.

Ficou cinza, da cor do asfalto, morreu na curva que não completou. Depois, vieram lágrimas, saudades, amores, memórias, outras perdas, novas conquistas. A cada ano, as cores voltavam de leve, uma de cada vez. Dia após dia, o sol desceu na minha estação favorita. Minha primavera encheu-se de vida. Seis anos da morte do meu pai. Seis meses da concepção da minha filha. Um coração que vem se enchendo de esperança. A fé que sabe que ele me acompanha lá do alto. A certeza de que seria o melhor avô do mundo. E de que o amor não vai embora com as estações. Ele repousa, para sempre, na eternidade.

O homem que me ensinou a nunca desistir, que me mostrou que não existe idade para se realizar um sonho, partiu deste mundo cedo demais. Naquela tarde, escrevi o primeiro texto da minha vida. Prometi que escreveria uma carta todo dia 5 de cada mês, por um ano. E assim o fiz. E nunca mais parei de escrever.

Escrevo porque minha saudade não cabe em mim. Escrevo porque não consigo aceitar calada as injustiças que me cercam. Escrevo porque tenho coragem de dizer o que penso. Escrevo porque luto todos os dias por um mundo melhor. Escrevo porque isto traz você para perto de mim. Escrevo para que você possa ver a realidade que meus olhos conseguem ver.

Escrevo porque nas minhas palavras cabe o amor que me extravasa – pela profissão que defendo, pelos seres humanos que colocam vida na minha, pelas intempéries sociais que precisam ser encaradas de frente.

Escrevo para que seja ouvida a minha voz, que dentro de mim grita muito alto, desde que meu pai me olhou pela primeira vez, naquela varanda de nossa casa: "*Vai lá, você consegue*". Ainda que, às vezes, os fracassos assombrem os pensamentos, não conheci, até hoje, nada que conseguisse me parar.

Aquela menina tímida e improvável do interior olha fixamente para mim, orgulhosa demais da mulher imparável que me tornei. Em oração silenciosa, agradeço: "Obrigada, meu pai, por jamais ter duvidado; eu honrarei, para sempre, teu legado". Estou maior do que nunca. Em frente ao espelho: respeito. Eu venci as minhas lutas.

Estou maior do que nunca. Em frente ao espelho, respeito. Eu venci as minhas lutas.

Juliana Zanrosso Caran

Jussarina Almeida Oleksinski

Jussarina Almeida Oleksinski é mãe, gaúcha e caçadora de histórias inspiradoras. Formada em Processamento de Dados, graduada em Direito, com pós-graduação em Direito Processual. Técnica em Contabilidade, empresária, escritora, palestrante, criadora de eventos presenciais transformadores de escrita criativa, biógrafa, *coach*, *practitioner* em PNL e uma mulher apaixonada pela vida, por livros e por café.

Dona de gargalhadas contagiantes e de um coração enorme, é incansável na busca de novos conhecimentos. Adaptou a história da Branca de Neve à sua vida real e criou, dessa forma, uma releitura cheia de respostas para até então uma vida inteira de dúvidas.

jussarina_escreva_sua_historia
jussaoleksinski@hotmail.com
http://www.novashistoriascomecamaqui.com.br
(54) 98421-4866

DA FICÇÃO
À VIDA REAL

19

Por Jussarina Almeida Oleksinski

Um chamado sobre abraçar as oportunidades, quebrar padrões e estabelecer uma definição pessoal e profissional do que é ser feliz!

Prazer, meu nome é Jussarina. Obrigada por me receber em sua história e seja bem-vindo à minha.

A ficção está cheia de exemplos incríveis de personagens que inspiram. Então, resolvi adaptar a história da Branca de Neve à minha vida real e criei, dessa forma, uma releitura cheia de respostas para até então uma vida inteira de dúvidas. Quero que ela seja rápida e certeira, assim como o beijo do príncipe. Príncipe? Não! Na minha história, não é o beijo do príncipe que me salva.

Deixe-me lhe contar uma coisa: é preciso coragem para ser diferente e escrever a própria história. Sou formada em profissões que demandam total atenção e disciplina: processamento de dados, Direito e técnico em contabilidade. Porém, de uns anos para cá, surgiu um grande chamado dentro de mim: sair da zona de conforto e encontrar uma válvula de escape para driblar a seriedade e formalidade do meu dia a dia. Eu queria descobrir algo para fazer além de passar pelos dias turbulentos e estressantes, com a rotina desgastante que eu tinha.

Por anos, atuei somente como empresária responsável pela empresa que herdei de meu pai, mas o sonho de ir além persistia. Eu sempre fui uma mulher divertida, falante, risonha e sempre quis uma profissão em que eu pudesse ser eu mesma, de verdade, de coração.

Portanto, hoje eu quero te fazer um convite: mergulhe desarmado e com o coração aberto nesta releitura do conto da Branca de Neve, para que, mais do que ler e refletir, você possa sentir.

Essa história se passou há muito tempo, num reino não muito distante, no interior do Rio Grande do Sul. Entretanto, minha pele não era branca como a neve e eu também não tinha os lábios vermelhos como o sangue ou os cabelos pretos como o ébano, assim como a protagonista original.

Eu, conhecedora da realidade do reino, exercia minha função diariamente. E, apesar de tudo, era muito feliz, pois tinha dois conselheiros que me inspiravam profundamente: sonhos e transformação de vida, os quais me guiavam sempre que eu os recorria.

Nesse reino, existia uma rainha má que possuía um espelho mágico, para o qual perguntava todos os dias:

— Espelho, espelho meu! Existe alguém mais perdida e confusa do que eu?

Eis que o espelho respondia:

— Sim, sempre há. Digo-lhe mais: existem pessoas não só perdidas e confusas como também angustiadas, irritadas, frustradas e infelizes.

O espelho se referia a mim, pois de fato eu estava vivendo um conforto que não me trazia mais felicidade, sentia um vazio existencial muito grande.

Certo dia, a rainha má ficou furiosa ao descobrir que eu estava indo em busca dos meus sonhos e imediatamente mandou chamar seu melhor caçador. Ela ordenou que ele fosse atrás de mim. No dia seguinte, o caçador me convidou para um passeio na floresta e falou:

— A rainha ordenou que eu matasse os seus sonhos, mas não posso fazer isso. Fuja! Corra!

E lá fui eu, assustada pelos caminhos da vida. Sabia que estava perdida e que ninguém me salvaria. Somente eu era responsável por mim mesma. E naquele caminho, enquanto desbravava novos horizontes, foram surgindo várias reflexões: minha filha, que à época era recém-nascida, já demonstrava sua *expertise* para algumas brincadeiras e interesse por determinados brinquedos, demonstrando ser decidida e eu, no auge dos meus 35 anos, ainda estava perdida, procurando um propósito para minha carreira e minha vida.

Por anos, fiquei andando em círculos naquela floresta, em um processo de questionamento e resgate. E nessa caminhada perdida, em uma terça-feira de um inverno rigoroso, deparei-me com os 7 anões, que carinhosamente os apelidei de os 7 anões da sabedoria, os quais me transformaram profundamente a partir daquele dia.

O anão AMOR PRÓPRIO, o mais desejado de todos, fez um teste comigo. Pediu-me que eu pegasse um papel e escrevesse o nome das 5 pessoas que eu mais amava. E ali eu fiz. E eis que ao final ele perguntou:

— O seu nome está nessa lista?

Não. Não estava. Ali foi o momento em que um grande alerta ecoou em mim, do tipo: "A-C-O-R-D-A Jussarina!". Então eu despertei! E naquele momento, aprendi a me amar, a me valorizar, a me aceitar e a me respeitar profunda e verdadeiramente.

O anão AUTORRESPONSABILIDADE, o mais centrado de todos, aconselhou-me profundamente:

— Cale-se ao invés de criticar. Dê sugestões ao invés de reclamar. Busque soluções ao invés de culpar. Aprenda com os erros ao invés de se justificar. E não se vitimizar.

E então eu comecei a pensar, sentir e agir diferente. Antes de exigir que os outros mudassem, mudei a mim mesma e tudo foi se adequando de uma maneira tão surpreendente com a nova pessoa que estava surgindo: eu mesma.

O anão AUTOCONHECIMENTO, o mais reflexivo de todos, trouxe-me liberdade. Com ele, descobri exatamente o que eu amo e nasci para fazer. Bastou que eu observasse meus sentimentos e prestasse atenção naqueles momentos em que eu fazia as coisas com maior naturalidade, contentamento e prazer. Momentos que me trouxeram a nítida sensação de certeza: "Uau, eu nasci para fazer isso".

E então, descobri uma válvula de escape: nas horas vagas — de noite e de madrugada — comecei escrever textos sobre as histórias de vida de outras mulheres. Com isso, muitas oportunidades foram surgindo e então escrevi o primeiro, segundo e terceiro livro. Além disso, descobri minha missão de ajudar as mulheres a criarem uma nova realidade. Criei eventos presenciais itinerantes e *online* transformadores para que elas saíssem da rotina. No evento, repleto de dinâmicas e ferramentas, eu "entrego" valores intangíveis para que elas se apaixonem por si mesmas e por suas vidas.

Com tudo isso, descobri-me uma pessoa polivalente: gosto do barulho e também do silêncio. No barulho, eu me encontro ao realizar os eventos; no silêncio, sinto meu coração preencher ao escrever os livros.

O anão GRATIDÃO, o mais radiante de todos, ensinou-me a ser grata. Ele me mostrou a importância de desacelerar e sentir o poder da pausa. Ensinou-me a ter satisfação por tudo o que ocorre no meu dia: passei a prestigiar e admirar os pássaros, o céu, a lua, o sol, a chuva. Minha vida, então, ficou plena de agradecimento e harmonia, pois passei a expressar minha gratidão com frequência. E desde que comecei a exercer os ensinamentos da gratidão, pude vivenciar uma doce paz, mesmo em meio à tribulação da rotina.

O anão PROTAGONISMO, o mais decidido de todos. Com ele, eu aprendi a expressar minhas opiniões e fazer minhas escolhas. Fugi da minha zona de conforto e transformei minha vida. Aprendi a agir de forma consciente e responsável por cada passo do meu caminho. Hoje, digo com convicção que sou a capitã do meu destino.

O anão PROPÓSITO DE VIDA, o mais completo de todos, mostrou-me que a vida passa tão rápido que eu não poderia desperdiçá-la com escolhas que me distanciassem de mim mesma, que era preciso ouvir o meu próprio chamado. E que nesse dia eu começaria a me perguntar: "Onde estive durante todo esse tempo?". Parei, refleti. Hoje sou fiel à minha essência. Sabe quando você está montando o quebra-cabeças e depois de encontrar determinada peça tem a impressão de que todas as outras se encaixam mais facilmente? E então, quando eu descobri o meu propósito, nenhum domingo à noite voltou a se tornar motivo de ansiedade na minha vida.

O anão LEGADO, o mais brilhante de todos. Foi a partir dele que me tornei a caçadora de histórias inspiradoras e promotora de legados. Honrar a minha história me permitiu ser quem eu sou. Afinal, de que vale viver sem deixar um legado? Sei que quando eu chegar ao final da minha vida, vou olhar para trás e, antes de me despedir deste mundo, terei a convicção de que fiz as escolhas certas. Diante disso, saberei que meu legado será eterno.

Então, a rainha má, ao saber que eu estava viva, cada dia mais feliz e encontrando o sentido da minha vida, fantasiou-se de velhinha e foi à minha procura. E ao me ver, ofereceu-me uma maçã envenenada. Mas no meu reino de infinitas possibilidades, eu tinha opções de escolhas. E nessa hora, fui a dona do silêncio mais imponente e ensurdecedor da minha vida. Afinal, eu havia compreendido o momento de agir e falar, e mais importante, o de calar. Então já estava apta a escolher minhas batalhas.

Naquele momento, fui capaz de me ouvir e soube que a cada pequena decisão, eu poderia me afastar ou me aproximar do meu destino. Então, eu recusei a maçã e decidi assumir as rédeas da minha vida.

No desfecho da minha história, não foi preciso vir um príncipe, pois eu mesma me salvei. E me apaixonei por mim mesma. E nesse processo de resgate, aprendi a me dar valor. Comecei a me amar de verdade, e desde então, quem faz as perguntas ao espelho agora sou eu:

— Espelho, espelho meu! Existe alguém mais confiante, sorridente e corajosa do que eu?

Eis que o espelho me responde:

— Sim, sempre há. Porém, raríssimas pessoas.

E, se você leitor, não está nessa lista restrita, mesmo que esteja enfrentando suas aflições, limitações, dilemas e anseios — quem nunca? —, saiba que eu desejo um final feliz para sua história também, independente das bruxas más.

E então o reino se tornou pequeno demais e eu decidi seguir em frente, em busca de novos aprendizados. Um alívio tomou conta de minha alma, pois os ensinamentos dos 7 anões me confortaram eternamente. Naquele dia, eu soube que posso, sim, recomeçar — e quantas vezes mais eu achar necessário — e que a vida também acontece na tarde de uma terça-feira, independente da estação do ano.

E agora o meu chamado é para você. Se você fosse a Branca de Neve, aceitaria a maçã da rainha má?

E se a resposta for SIM, imagine que após comer, você tem apenas mais 3 minutos de vida. Com quem você gostaria de estar ou o que gostaria de fazer nos momentos finais antes da sua partida? Reflita: você está com essa(s) pessoa(s) ou fazendo o que gostaria?

Tenha uma vida feliz e fabulosa!

Amigo leitor, tenho 3 convites:

1) Escrever um livro sobre a sua história e inspirar pessoas através dele;
2) Participar dos meus eventos e transformar profundamente a sua vida;
3) Fazer uma corrente do bem e levar adiante minha fábula para mais 3 pessoas.

Vamos juntos inspirar outras vidas?

Eu te encontro do outro lado das páginas...

A vida não precisa ser apenas 8 ou 80. Quantas oportunidades estão entre o 9 e o 79? Olhe a vida por outro ângulo. É liberta(dor) e transforma(dor)!

Jussarina Almeida Oleksinski

KÁTIA FALCÃO

Kátia Falcão tem 58 anos, nasceu na Bahia, e reside em São Paulo. É formada em Direito pela UCSal, pós-graduada em Direito Processual Civil, Direito Tributário e Administração, Empreteca pelo Sebrae e palestrante.

Apesar de ter experienciado uma tragédia aos 25 anos, quando encontrou seu namorado morto, deu a volta por cima, superando muitos desafios e redescobrindo que ser forte não é carregar um peso nas costas, mas se adaptar às circunstâncias e enfrentar todas as dificuldades que a vida impõe, sorrindo e buscando sua paz interior.

kafalcaomotivacao

katiafalcao1222@gmail.com

ACONTEÇA O QUE ACONTECER, ESCOLHA VIVER!

20

Por Kátia Falcão

Minha experiência com um suicida

No dia 08.12.22 ele faria 60 anos. Dudu tirou sua própria vida no dia 01.12.90, uma semana antes de completar 28 anos. Era um sábado como outro qualquer, pelo menos era o que eu pensava. Acordamos e como sempre ele costumava fazer, compôs e cantou no seu violão imaginário uma música para mim. Eu achava muito legal e me divertia com suas canções.

Depois tomamos café da manhã e ele saiu para ir à empresa. De lá ele ligou para os pais e irmãos como se estivesse se despedindo, eles me contaram depois, e estava mesmo.

Quando ele voltou, ficamos em casa curtindo o momento e conversando, como gostávamos de fazer, até a hora em que minha mãe ligou para avisar que a comida estava pronta. Todos os sábados ela fazia um pirex enorme de Arroz *Au Gratin* para nós dois comermos durante o fim de semana. Dudu amava esse prato!

Quando minha mãe ligou por volta das 13h, eu quis ir buscar nosso almoço, mas ele não me deixou sair naquele momento. Falou que não estava com fome. Ele estava calado naquele dia. Dudu era muito espirituoso e engraçado, muito fácil de lidar, embora tivesse alguns momentos de silêncio e muitas reflexões. Confesso que achei estranha a insistência para que eu não saísse de casa, que durou a tarde toda, porém nem desconfiei que algo terrível estaria para acontecer.

Às 17 horas, eu já não aguentava mais de fome e falei que ia buscar nosso almoço. Não havia iFood naquela época. Ele tentou me impedir mais uma vez, argumentando que não queria almoçar ainda. Daquela vez, no entanto, eu não acatei seu pedido e saí prometendo que não iria demorar e não demorei mesmo. Fiquei cerca de 20 minutos fora, tempo suficiente para ele efetivar seu plano mortal.

Quando voltei para casa e o vi, não entendi imediatamente o que aquilo significava, mas tomei todas as providências que pude para socorrê-lo. Dizia a mim mesma: calma, vai ficar tudo bem! Sempre faço isso em momentos de apuro. Muitas pessoas me indagaram como eu havia conseguido enfrentar tudo aquilo sozinha. Mas o fato é que todos nós temos muito poder quando precisamos. O ser humano é capaz de superar adversidades de forma surpreendente. Basta observarmos ao nosso redor. Caetano tem uma música que diz: "É incrível a força que as coisas parecem ter quando precisam acontecer."

Tentei, em vão, todos os tipos de salvamento que conhecia na teoria, mas nada fazia ele "acordar". Tentava ouvir o coração dele, mas só ouvia o meu, disparado, quase saindo pela boca! Calma, eu me dizia.

Como a ambulância que chamei não chegava, liguei para uma amiga, estudante de medicina, e ela veio muito rápido com seu namorado. Eu lhe disse: traga seu kit de primeiros socorros que Dudu está passando mal. Ao auscultá-lo, ela disse ao namorado: "Carregue ele aqui e vamos levá-lo agora para uma emergência, pois seu coração está parando!" Levamos ele para o melhor hospital da cidade, que ficava quase em frente ao seu prédio, mas meia hora depois que chegamos, o médico que o atendeu nos disse: "Ele faleceu!"

Minha vida mudou em segundos: havia acordado alegre, como vinha sendo ao longo de um ano ao seu lado, e fui dormir sentindo a maior dor da minha vida até hoje. Perdi 10 kg naquela semana, não conseguia nem beber água, que vomitava. Menstruei por um mês, meu rosto se encheu de espinhas e passei 3 meses trancada no meu quarto, chorando e sem entender nada da vida.

Durante esses 3 meses minha mãe dormiu comigo, pois todos os dias às 5 da tarde eu tinha um certo pânico de ficar sozinha. Ao mesmo tempo que eu queria vê-lo de novo, eu tinha medo de reencontrá-lo. Eu não entendia mais meus sentimentos! Vagava dentro do quarto atônita com o que tinha vivido e presenciado. O que teria acontecido com Dudu? O que fez ele desistir de viver? Ele não gostava de si? Não gostava de mim? Não gostava dos pais, dos irmãos? Ele não gostava do trabalho dele, nem dos amigos? Ele estava triste, chateado ou aborrecido com algo? Como ele teve coragem de se enforcar? Por que ele não desistiu quando começou a ficar sem ar? Por que deixei ele sozinho? Me fiz essa pergunta por muito tempo. Me culpei meses por tê-lo deixado sozinho. Com o tempo, passei a pensar que não temos controle sobre as atitudes dos outros e sim, sobre nosso comportamento diante das atitudes dos outros. Hoje, porém, tenho certeza de que ele não tinha nenhum controle sobre a vida dele naquele momento.

Passei anos conjecturando o que teria acontecido. Li vários livros sobre o tema, fiz terapia, mas nada do que lia ou ouvia me convencia de nada.

Dudu era um contrassenso. Divertido, um pouco tímido, calmo e ao mesmo tempo silencioso e triste. Insatisfeito com a vida e com suas injustiças. Por várias vezes, percebi sua mudança brusca de comportamento, sua fisionomia se transformar em minutos e seu desejo de isolamento. Embora achasse tudo aquilo muito esquisito, nem desconfiava que se tratava de uma doença e que essa doença o faria tirar a própria vida. Hoje sei que a depressão não é silenciosa, ela é minimizada! Ela dá muitos sinais e hoje eu fico super atenta a isso.

Infelizmente, ainda hoje, a depressão é um tabu e ninguém quer falar sobre o suicídio. Existe um vácuo em torno do tema. No entanto, pasmem, o suicídio mata mais do que a AIDS e o câncer, atingindo principalmente os jovens. E a cada morte por suicídio, há em torno de 20 tentativas.

No Brasil, cerca de 12 mil pessoas tiram a própria vida por ano. No mundo, são cerca de 800 mil suicídios anuais. Números absurdos para se manter em silêncio!

Segundo o psiquiatra Rodrigo de Almeida Ramos, "os índices apontam que em mais de 90% dos pacientes que se suicidaram havia uma doença mental relacionada. Na grande maioria dos casos, o diagnóstico associado era de depressão", ressalta o médico. Segundo a OMS, porém, o suicídio tem prevenção em 90% dos casos. (1)

Lamentei não ter sabido disso antes, especialmente sobre o alto percentual preventivo. Atualmente, não tenho qualquer dúvida de que Dudu tinha depressão e, portanto, sua morte poderia ter sido evitada, como tantas outras!

A verdade é que eu jamais havia ouvido falar da depressão até a sua morte e provavelmente seus familiares também não. Ocorre que o suicídio é caso de Saúde Pública no mundo, segundo a OMS, desde o século passado. Então por que não se fala sobre isso? Por que as autoridades não divulgam seus índices nem fazem campanhas impactantes sobre o tema? Falar do suicídio é falar de vida! Quantas pessoas vão precisar morrer para entenderem isso? A depressão é uma doença muito grave e séria, que pode levar ao suicídio sim, e temos que ajudar as pessoas que sofrem com essa doença falando sobre ela. Quanto mais nos pronunciarmos sobre esse tema, mais o desmistificamos e mais vidas salvaremos.

A pessoa não escolhe ser depressiva. Ao contrário, elas sofrem por serem assim. Há um desequilíbrio químico no cérebro do depressivo, não é somente uma simples tristeza, embora a pessoa depressiva se sinta triste e queira se isolar. Vivi diversas situações como essa, em que Dudu preferia ficar só em vez de curtir uma praia, ir a um restaurante ou uma festa e até mesmo ficar comigo. E frequentemente ele queria ir embora de algum lugar onde, às vezes, tínhamos acabado de chegar. Ingenuamente, achava que alguma coisa tinha acontecido que ele não tinha gostado, ou algo de errado havia acontecido com ele ou no ambiente em que estávamos.

De acordo com o neurologista do HC/USP, Fábio Porto, "é normal que todo mundo tenha emoções negativas. A diferença é que, quando não há depressão, o cérebro consegue modular essa emoção negativa. Você pode estar triste, mas sabe que tem de ir trabalhar, toma um café, procura pensar coisas boas e vai. É como se essa rede de neurônios do cérebro ficasse muito ativa, então a pessoa não consegue desengajar o humor de aspectos negativos, e aí vem a tristeza e a anedonia, que é uma dificuldade de experimentar prazer nas coisas", explica. "Por isso que, quando alguém está deprimido, não dá para falar 'se anima e sai de casa'. A pessoa não consegue, e não é falta de vontade." (2)

A superação

Refiz minha vida, apesar da tristeza que sentia. Passei alguns meses em São Paulo, onde fiz uns cursos. Estudar é um santo remédio para mim. Com o tempo, percebi que não tinha nenhuma responsabilidade pelo que havia acontecido e fui me desfazendo desse pensamento enfraquecedor, e com a maturidade, passei a me interessar pelo tema e pesquisar sobre o assunto. Também aprendi a ser uma psicóloga na prática e passei a observar o comportamento das pessoas ao meu redor.

Constatei, inclusive, que ninguém, absolutamente ninguém quer morrer, seja lá por qual motivo for. Penso que os suicidas adorariam ressuscitar e se dar uma nova chance, se pudessem. E podem! A depressão é tratável como qualquer doença, desde que detectada e conhecida e para ser conhecida tem que ser abordada em todos os lugares, para que todos nós fiquemos atentos aos sinais. Essas pessoas acham que são um fardo na vida de seus familiares e amigos e acham que morrer vai resolver isso. Precisamos provar para elas o quanto são importantes e que suas vidas não são fardos para nós. Há estudos que falam que um suicídio afeta pelo menos 60 pessoas ao seu redor.

Aconteça o que acontecer, escolha viver, busque ajuda. Morrer não é solução para nada, é apenas o fim de todos os sonhos.

Um ano depois da morte de Dudu, conheci meu marido e em 1999 minha filha nasceu, no dia 30 de novembro. Achei que seria mais um sinal de que o dia 1º de dezembro deveria ficar no passado e não devemos fazer do passado um lugar de morada, mas um momento de aprendizado, e foi o que fiz. Não permiti que aquela tragédia tomasse conta da minha vida nem me vitimizei por algo tão terrível ter acontecido comigo. Aliás, sei que por algum motivo vivi essa experiência. Não acredito que as coisas aconteçam de forma aleatória. Embora muitas pessoas tenham falado que Dudu não poderia ter feito isso comigo, eu acho que a intenção dele foi justamente que eu o ajudasse. Infelizmente não entendi a mensagem na época, mas nunca é tarde para inspirar e salvar vidas!

Referências bibliográficas:

(1) https://www.saude.ba.gov.br/2020/09/10/oms-alerta-suicidio-e-a-3a-causa-de-morte-de-jovens-brasileiros-entre-15-e-29-anos/

(2) https://www.programaviva.com.br/saude-tratamento/depressao/

“

Não devemos fazer do passado um lugar de morada, mas um momento de aprendizado.

Kátia Falcão

Kelly Faria Simões

Kelly Faria Simões, psicóloga há 21 anos, PhD e doutora pela UFRJ.

Presidente e fundadora do Instituto KFS com intervenções psicológicas entre o viver e o morrer, luto, cuidados paliativos e crises existenciais graves.

Mentora e idealizadora do Programa de Crescimento Pessoal, com acompanhamento individual e em grupo *online*, para retomada do prazer pelas coisas do dia a dia.

Palestrante em organizações sobre temas acerca do viver e reconstruções na vida.

Escritora de livros e artigos.

Pesquisadora na Marinha do Brasil.

Para agendamentos de palestras e mentorias:

kellyfariasimoesoficial
Kelly Faria Simões
kellyfariasimoes.com
kellyfariasimoes@gmail.com

NO QUE VOCÊ SE TORNOU COM O TEMPO?

21

Por Kelly Faria Simões

Sonhos de uma "pequena"

Com muito prazer escrevo esse capítulo, pois me lembro de mim, criança de 10 anos, cheia de sonhos e querendo ajudar muitas pessoas! Desejando viver sendo uma ponte, um farol para que as pessoas pudessem viver felizes, viverem bem. Não era simples para mim compreender que alguém pudesse se acomodar a viver mal, a sobreviver, entende?

Nesta época, Madre Teresa de Calcutá tinha seu trabalho disseminado e divulgado na mídia, seu cuidado às pessoas que estavam gravemente enfermas. Admirava profundamente a dedicação daquela mulher religiosa, que lutava para dar qualidade de vida a quem a medicina tinha dado limites, mas a tentativa de conforto afetivo e social era mantido como forma de dar-lhes dignidade.

Tão forte foi esta influência que pensei em ser missionária. Mas outro caminho se abriu... um dia, simplesmente acordei e disse à minha família que seria psicóloga. Uma forte tendência eu tinha de ajudar pessoas gravemente enfermas, visto que tinha crescido frequentando o hospital em que minha mãe trabalhava como enfermeira. Sentia que meu lugar também era no hospital!

O tempo foi passando e me dediquei muito estudando em casa, no 2º grau, para passar no vestibular em uma universidade federal. Meus pais não tinham condições de pagar uma faculdade privada. E foram 3 anos de dedicação e esforço para aprender e alcançar o meu grande desejo!

De fato, posso confessar a vocês que quando desejo algo, sou determinada e guerreira, sou verdadeiramente brasileira, não desisto nunca!

E lá estava eu com minha família, no início de 1996, indo ao prédio da publicação do Diário Oficial, num final de tarde, no meio de uma semana, para ver se tinha sido aprovada. Sabe o que aconteceu? Passei!! Em 7º lugar, para Bacharel em Psicologia, na tão sonhada UFRJ.

Foi um dos dias mais emocionantes da minha história, pois tão nova, aos 17 anos, tinha alcançado um feito, um sonho! Quer saber para onde vai essa história?

Sendo ponte nos dilemas entre a vida e a morte

Quero que saibam que este capítulo não é sobre mim, mas sobre as pontes que ajudei a criar, alicerces para que pessoas pudessem redescobrir a vida, sua história, suas possibilidades.

De fato, cursei até o 7º período para chegar ao tão sonhado estágio no hospital. Fui estagiária do maior hospital municipal do Rio de Janeiro, o Hospital Municipal Souza Aguiar, supervisionada por uma psicóloga extraordinária chamada Guaraciara Coutinho, que me ajudou, dando as bases para que eu atendesse os meus primeiros pacientes na UTQ (Unidade de Terapia Intensiva para Queimados). O limite entre a vida e a morte acenava todos os dias em que eu adentrava naquela unidade, onde grandes queimados lutavam para vencer a cada dia. Alguns tinham sucesso, outros não. Alguns chegaram ali pelo não desejo de viver, outros por acidentes ou violência doméstica.

É meus amigos! Era desafiador ajudar psicologicamente as pessoas que estavam repensando suas vidas, com grande esperança de voltar à vida para reconstruí-la. Isso foi o início de tudo que vou te contar.

Já com influência do humanismo em minha formação, graças a um grande professor Dr. Rogério Christiano Buys, cresceu em mim a compreensão do potencial humano que poderia ser amplificado sem limites prévios.

Já formada, os maiores dilemas que acompanhei estiveram nas UTIs e nas Emergências e precisei acessar a inesquecível Prof. Dra. Wilma Torres, que foi minha professora de Tanatologia na UFRJ e que detinha um conhecimento de como eu poderia articular a experiência limite entre vida e morte, trazendo a possibilidade de construção na vida daqueles que, muitas vezes, se viam sem perspectivas de realizar nas próprias vidas.

Doenças graves ou acidentes com condições incapacitantes traziam para mim a necessidade de repensar como ajudar pessoas que:

– não tinham mais o desejo de viver, diante da vida difícil que consideravam ter;

– e outras, com o desejo de ter vivido mais, mas havia arestas para resgatar e anseios não realizados.

Ali, um problema nítido se mostrava na minha frente! Percebeu? Um real dilema era entre o tempo e o viver!

A vida precisa ser assim?

As pessoas não pareciam saber viver bem, fazer escolhas em que levassem em conta seus próprios desejos, respeitando o outro, respeitando a si mesmas. Pareciam estar paralisadas ou anestesiadas na própria vida, literalmente deixando o tempo passar.

Estavam apenas trabalhando e cuidando da família; mas o prazer e o bem-estar de viver ali, com eles, parecia ter ficado ao lado, pareciam não aproveitar ou criar oportunidades para fluir com a consciência de si e da vida, do que valia a pena viver e do que era necessário descartar.

Posso falar a vocês que vi pessoas como verdadeiras lixeiras, guardando feitos, mágoas e de tanto lixo psicológico guardado, deixavam suas essências de lado, não era tão simples reconhecer quem eram! Parecia que algo tinha se perdido, a pessoa tinha se perdido de si!

Você está conseguindo me acompanhar?

O que leva as pessoas a se descuidarem de tal modo que o que mais importa fica para amanhã? Porque no limite entre a vida e a morte, vai valer o que se viveu! Vai valer o que se conseguiu ser! Vai valer a história que se conseguiu escrever!

O tempo não volta para você reescrever, mas... ah... mas... vou te contar como virar o tempo ao seu favor!

Sendo o que se é: uma virada na vida

Quero para você o despertar que venho trazendo às pessoas que acompanho! O que acha? Vamos começar?

O tempo, ele é contínuo - passado, presente e futuro - e na dimensão da vida, você vai escolher o que se torna no presente! O presente, o hoje, é seu! Você tem que se permitir, através das escolhas que faz, dar a si mesmo a vida!

Essas crises que acompanhei com pessoas que transitavam seu desejo de forma diferente na vida, ou desejando mais ou desejando parar, mostraram o quanto a crise pode vir como uma oportunidade de crescimento e de mudança.

Pessoas que passavam pelo meu método criavam um ponto de virada, tal como um resgate de raízes para voltarem a dar frutos na vida, a desejarem florescer, independente do tempo que ainda tinham, ou das condições fisiológicas ou físicas limitantes, ou ainda das condições socioafetivas que dispunham.

O tempo passa e com ele, a oportunidade de mudança de si mesmo para resgatar- se na vida.

Use o tempo a seu favor! Sua vida te espera!

Talvez você não saiba disso, mas tudo começa na decisão de sair do seu desconforto confortável! Ou seja, talvez você já esteja acostumado a viver, sentir e perceber o mundo desta forma por anos, décadas, mas isto pode ou melhor, deve mudar!

A vida pode se refazer num abraço, num toque, em um perdão, em um pedido de perdão, em um ato de autorrespeito, em um ato de autoamor, em dar-se uma nova chance de viver a vida como ela está, no momento que está e como eu posso estar.

É sim, meus amigos!

Acompanhei pessoas de todas as faixas etárias, desde 7 até 99 anos. Até o fim do atendimento, a alta, ou até o fim da vida, é possível mudar psicologicamente.

A crise existencial gerada pela perda de si ou pela proximidade da morte de alguém que amamos ou de si próprio traz um movimento intenso psicológico, na direção de ajustes internos e externos, que se bem manejados podem levar à retomada do prazer pela vida, pelas conquistas futuras, mesmo que dimensionadas às possibilidades existentes no tempo.

Essa é a chave que abre a oportunidade de reconstruir, a qualquer tempo, a sua história. Não é à toa que se fala que você é o protagonista da sua vida! Isto é verídico e possível! Por 21 anos, venho acompanhando e observando esta realidade!

Certezas na vida? Não há! E daí?

Há a possibilidade do resgate de uma peça rara, que geralmente as pessoas deixam encostada, sem uso, enferrujada e que é o passo fundamental para dar início a uma nova jornada na sua vida, seja em que tempo você está neste momento: a sua escolha! Não importa verdadeiramente o tempo, mas o que fazemos com ele! Seja você mesmo! Dê-se uma chance nova!

Você é capaz de reconstruir a sua história, respeitar seu passado, respeitar quem você pôde ser até aqui e ser o que você ainda pode ser! Não se esqueça disso! Você é o responsável pela sua vida, pelo que entra, pelo que fica, pelo que semeia e frutifica. Por isso, escolha melhor! Escolha você, para você!

Sabe por quê? Sendo feliz ou caminhando nesta busca, tenderá a ter relações mais saudáveis, mais respeitosas, onde você soma e o outro também. Compreendeu o que que estou te mostrando?

Inspire! Siga para uma vida melhor e mais digna!

Aqui deixo a minha esperança em você para que comece a sua nova jornada! A possibilidade de mudar até o fim é um presente que deixo para você.

Quando observo tudo que pude assistir em mais de 8 mil atendimentos que realizei, passa um verdadeiro filme de vidas que foram reconstruídas, a partir das pedras no caminho.

Quero deixar para você um convite! Recomece agora!

Não importa se está ruim, se está média ou ótima a vida que está levando, sempre é possível melhorar, seu potencial pessoal indica isso como uma mola propulsora interna. Ele aguarda apenas um solo fértil, uma oportunidade para começar, com as ferramentas certas, você pode ter desejos e sonhos realizados.

Viver a vida

A vida precisa de um norte! Escolha começar!

E nessa jornada de busca, encontro e reconstrução de si, nascerá você, novo, ainda tímido, porém desejoso de viver, de aproveitar a vida, de ter uma vida digna e respeitosa no mundo.

Sigo por aqui, vivendo o meu propósito de vida, de estar sempre em busca de novas ferramentas eficazes para melhorar a sua vida e de quem o meu trabalho alcançará, seja no mundo digital ou no âmbito presencial, como uma psicóloga humanista que cuida das crises humanas em busca da dignidade no viver.

Agradeço a todos que me ajudaram a ser o que sou! Às pessoas que acompanhei suas histórias, fundamentais para a construção da psicóloga que sou hoje! Professores inesquecíveis, meus pais incansáveis, amigos e familiares que já partiram, meu irmão e minha filha que é a grande companheirinha na minha jornada!

Sou o que sou...

pelo que escolhi...

e me deixei influenciar...

para construir a minha história!

História de quem sou e desejo ser!

"

É possível mudar até o fim.

Kelly Faria Simões

Lidiane Alves Gomes

Sou Lidiane Alves Gomes, solteira, filha de Zilmar e Lídia (*in memoriam*) e irmã de Lília.

Já atuei como auxiliar administrativo, professora de inglês e vendedora de shopping center. Há 17 anos, trabalho nos Correios, na atividade de carteiro, hoje presto serviço de mensageria ao TJES e sou representante de produtos de beleza Eudora (renda extra).

Sou bacharel em Arquivologia pela UFES. Tenho certificação em Liderança, Capacidade de Aprender e Resiliência pela PUC/RS e o meu último feito é o curso *Vivendo de Palestras Online 2.0*, pelo Instituto Deândhela, no qual estou aprendendo que posso impactar vidas através da minha história.

*lidianealvesgomes_*

Lidiane Alves Gomes

lidianeag2@yahoo.com.br

EM BUSCA DOS PRÓPRIOS SONHOS

22

Por Lidiane Alves Gomes

Ter a oportunidade de escrever um capítulo deste livro é a prova de que Walt Disney estava certo quando dizia: *"Se você pode sonhar, você pode realizar"*. Quem diria que uma garotinha tímida e cheia de sonhos lá do interior de Minas Gerais, na divisa da Bahia com o Espírito Santo, filha de um motorista de ônibus de viagem e de uma ex-professora primária, iria conseguir. Eu ouvi muitas palavras negativas na infância, meus pais não acreditavam que cursar uma faculdade, ter uma carreira promissora, viajar ou almejar qualquer bem material de alto valor eram sonhos possíveis, para eles, naquela época, isso tudo era completamente fora da nossa realidade. Pois então, aqui estou eu, escrevendo este capítulo memorável.

Meu pai não me deixou trabalhar antes que eu terminasse o Ensino Médio, por medo de que eu abandonasse os estudos. Ele fez questão de sustentar a casa sozinho, para que minha mãe pudesse cuidar pessoalmente da minha educação e da minha irmã. Graças a essa atitude, eu tive mamãe por perto me incentivando a ler mais e ver menos TV. Aliás, eu amava quando tinha roda de leitura na escola. Se hoje tenho o hábito de ler, pensamento crítico, bom vocabulário e tantos outros benefícios, foi devido a este período. Sempre estudei em escola pública e mesmo com a falta de professores para algumas matérias, os que tinha eram verdadeiros mestres que nos mostravam todos os dias que o conhecimento nunca é demais e é a chave para um futuro brilhante.

Terminei o Ensino Médio e fui trabalhar no comércio da cidade, todo dinheiro que eu ganhava eu investia em conhecimento: fiz curso de secretariado, informática básica e foi justamente nesse curso que eu conheci uma pessoa que me indicou para trabalhar como auxiliar administrativo no escritório da oficina de uma concessionária de automóveis. Era apenas para eu cobrir a licença maternidade de uma funcionária, mas gostaram tanto do meu trabalho que acabei sendo contratada, foi meu primeiro emprego de carteira assinada.

Com o salário que eu ganhava neste emprego, eu pude pagar um curso de manutenção de computadores e também pude estudar em um cursinho pré-vestibular popular, cujo valor era bem barato, pois os professores tinham o objetivo de ajudar a comunidade. Para mim, o sonho de entrar em uma faculdade não ficou esquecido, cheguei a prestar vestibular na Universidade Estadual da Bahia, não consegui ingressar, mas foi uma boa experiência.

Estudar inglês foi mais um sonho realizado, pois eu gostava de músicas internacionais e queria entender as letras. Eu tinha tanta facilidade com o idioma, que a diretora da escola me convidou para ensinar crianças e adolescentes iniciantes. Foi minha primeira transição de carreira, de auxiliar administrativo para professora, era uma turma na minha cidade e outra em uma cidade vizinha. Eu sempre gostei de desafios e vencer a timidez para assumir uma sala de aula foi um deles.

Peguei todo o dinheiro da rescisão do meu primeiro emprego e guardei na poupança, na época era a única forma segura que eu conhecia para guardar dinheiro. Minha mãe foi testemunha do meu esforço, para cumprir todos esses compromissos, eu sempre chegava em casa com o horário apertado e ela fazia questão de preparar meu prato para eu não sair sem me alimentar. Foi aí que ela decidiu me apoiar a tentar estudar em uma cidade maior e logo entrou em contato com parentes em Belo Horizonte, Goiânia e Vitória, para saber se algum deles poderia me receber. Meu tio de Vitória foi o primeiro a dizer sim, mas como eu estava trabalhando, eu precisava me planejar.

Chegou o fim do semestre e as coisas começaram a dar errado, a escola de idiomas teve que fechar a filial da cidade vizinha, onde era uma das turmas que eu lecionava, então a diretora decidiu me dispensar porque as finanças apertaram e os professores da unidade matriz dariam conta de todas as outras turmas, resultado: fiquei desempregada. Que nó na garganta! E agora? Ainda bem que meus pais me deram suporte enquanto as coisas se ajeitavam.

Dias depois, chegou de férias para nos visitar uma prima, a filha do tio lá de Vitória/ES e suas duas filhas, então pensei: Meu Deus! Seria a minha chance? Conversamos por horas, ela estava viajando para espairecer, pois estava com problemas em casa. Sabendo disso, eu nem toquei no assunto, mas ela acabou me perguntando se eu não tinha vontade de ir morar em uma cidade maior para prestar o vestibular. Óbvio, minha resposta foi sim. Me preparei e um mês depois cheguei em Vitória.

Como foi estranho! Eu nunca tinha estado na capital capixaba nem a passeio, mas gostei do clima, logo me ambientei e foi fácil aprender a me locomover na cidade. Mamãe sofreu muito quando eu saí de casa, minha irmã contou que no dia da minha viagem, ela não parou de chorar enquanto não ouviu minha voz no telefone avisando que cheguei bem e em segurança. Minha prima me recebeu na casa dela, foi um tempo muito importante para nós.

Os primeiros meses foram de muito estudo em casa, aproveitei todo o material que eu tinha levado. Também saí em busca de emprego todos os dias, eu me arrumava e ia com uma pasta lotada de currículos, cheguei a ser chamada para trabalhar em uma loja de eletrodomésticos, mas me disseram que infelizmente eu não poderia estudar, pois não dava para conciliar com o horário de trabalho. Fiquei espantada com tal absurdo e acabei não aceitando a proposta e o mesmo aconteceu quando fui chamada para trabalhar num supermercado. Gente! Como assim? Todos sabem que a educação é a base de tudo. Novamente não aceitei e nunca me arrependi.

Passei a frequentar uma igreja da mesma denominação que eu ia em Minas, lá fiz meus primeiros amigos. No final do ano, prestei o vestibular da UFES, ele era em duas fases, passei na primeira e não consegui passar na segunda. No dia do resultado, uma amiga me deu muita força, pois eu estava triste e não admitia voltar para minha cidade como uma perdedora. Ela me disse: "Não desiste! Amanhã mesmo vamos sair e bater de porta em porta de algumas escolas para você trabalhar em troca de estudo. Você não tem o dinheiro da sua rescisão pra se manter por um tempo? Estou com você!" Esse apoio era tudo que eu precisava e olha que ela poderia estar mais triste que eu, pois ela não tinha entrado para o curso de Enfermagem por décimos na pontuação.

No dia seguinte, fomos à reunião de oração que tinha cedinho na igreja, logo após, saímos e batemos na porta da primeira escola. Ao ouvir minha história, a diretora logo ofereceu: "Você gostaria de trabalhar na biblioteca à tarde e estudar pela manhã com bolsa de 100%?", foi um momento sem palavras pra expressar.

Se você não acredita em milagres, estou te contando um agora mesmo. Aquele ano foi desafiador, eu estudava até de madrugada com uma vela acesa para não incomodar meus parentes, fiz parte da turma avançada do cursinho, era uma turma extra para quem tirasse as melhores notas no simulado e devido ao meu empenho, a escola passou a me dar uma ajuda de custo de 100 reais e pagou a taxa do vestibular para mim. Nunca vou ser grata o suficiente por tanto carinho.

E sabe a minha amiga? O cursinho que ela estudava, tinha convênio com algumas faculdades, ela ganhou 80% de bolsa para estudar Fisioterapia e durante o curso ela participou de um projeto que dava 20% de bolsa, resumindo, ela acabou estudando de graça em uma das melhores faculdades do Brasil. Quem planta o bem, colhe o bem.

Minha mãe acabou descobrindo uma doença cardíaca e foi operada em Belo Horizonte. Meu emocional foi lá embaixo, mas graças a Deus deu tudo certo e ela ficou bem.

Mais uma vez, passei na primeira fase do vestibular e não consegui passar na segunda. Neste ano, eu também tinha prestado alguns concursos públicos. Consegui trabalho de meio expediente no laboratório de informática de uma faculdade e também de meio expediente como secretária da igreja, sendo remunerada nos dois. A escola onde fiz cursinho pré-vestibular me ofereceu bolsa de 50% para eu continuar estudando. Nessa época, minha prima teve a terceira filha, ela veio para ser a alegria da casa. Meses depois, eu consegui emprego como vendedora em um shopping center. Emagreci muito, pois era um trabalho extremamente desgastante.

Finalmente, após a terceira tentativa, entrei para a UFES, me demiti do emprego no shopping, pois não daria para conciliar. Logo consegui estágio remunerado pela universidade. Neste mesmo ano, a segunda filha da minha prima infelizmente faleceu por complicações de uma cirurgia, esse momento foi um baque para a família. Logo em seguida, no mês novembro, fui chamada para trabalhar nos Correios, eu tinha passado no concurso, mas como já estava vencendo a vigência, eu nem tinha criado expectativas. Foi uma surpresa boa ser aprovada no vestibular da Universidade Federal do Espírito Santo e ser chamada para um emprego público, praticamente ao mesmo tempo.

Discorrer sobre essas histórias só vem nos trazer a reflexão do quanto a vida não é perfeita e são nessas imperfeições que podemos encontrar a razão de viver cada dia o melhor que pudermos. Eu ficaria mais tempo aqui contando as minhas experiências, foram apenas trechos de feitos marcantes que alguns podem se identificar, outros podem tomar como exemplo, podem se inspirar, ou até mesmo se comover.

Já parou para pensar como seria se eu não tivesse tido a coragem de sair de lá do interior de Minas para lutar pelos meus sonhos? Será que o capítulo deste livro existiria? Será que eu teria passado por tanta coisa? Eu sempre tive muita fé, mas nunca esperei que as coisas caíssem do céu, acredito que Deus vai à frente conduzindo tudo. Uma vez, eu ouvi que crescer dói e que o sabor da vitória é bem melhor depois de uma batalha com muita luta e superação.

Obstáculos vão surgir, palavras negativas, sensação de desânimo, mas você deve acreditar que é capaz. Basta tomar uma decisão e lutar com todas as suas forças pelo seu ideal. Não se deixe vencer nas primeiras dificuldades, insista, persista, você é capaz. Não importa quando, um dia a vitória virá e você terá orgulho de toda a sua trajetória e ela será verdadeiramente memorável.

“

A vida não é perfeita e são nessas imperfeições que podemos encontrar a razão de viver, cada dia, o melhor que pudermos.”

Lidiane Alves Gomes

Luci Paz

Me chamo Luci Paz. Sou mãe, empreendedora, palestrante, treinadora e mentora.

Me sinto uma pessoa abençoada pela família que tenho, que está sempre me apoiando. Como mãe, sinto uma alegria imensa, pois tenho minha filha como sócia e parceira e juntas construímos as empresas Maria do Lar - Serviços Gerais e o Instituto Caminhos da Ação.

Ao longo da minha vida, passei por muitas dificuldades que me desafiaram. Hoje me considero uma mulher com uma história de vida marcada por muitas conquistas, realizações e com o coração tomado de alegria por poder ser inspiração para outras mulheres.

luci.paz.75
instituto.caminhosdaacao
paz-luci
luci.paz.75

LIBERTE-SE DAS SUAS CRENÇAS E SEJA UM VENCEDOR

23

Por Luci Paz

Há algum tempo, sinto em meu coração o desejo de eternizar um pouco da minha jornada, da minha história, nas páginas de um livro, para que ela seja inspiração para a vida de muitas pessoas.

Assim como pode ter sido para muitos de vocês, leitores, a minha infância e adolescência foram períodos de muitas dificuldades financeiras. Meu pai trabalhava em uma empresa como assalariado e minha mãe era do lar. Éramos 6 filhos. A renda mensal do meu pai era baixa e precisava ser bem controlada para conseguir manter as despesas da família.

Então, cresci ouvindo que na vida tudo era difícil, que dinheiro era para poucos e tantas outras frases semelhantes, e isso foi gerando em mim muitas crenças limitantes de escassez e não merecimento.

Com 12 anos, para poder continuar estudando, fui morar em casa de família, trabalhando como doméstica durante o dia e estudando à noite. Assim, finalizei o Ensino Médio. Não consegui seguir os estudos. Trabalhei em regime de CLT por 25 anos na mesma empresa, onde eu tinha contato direto com os funcionários, eram em torno de 50 pessoas. Aprendi muito sobre gestão, liderança, foi um período de crescimento.

Esta caminhada foi despertando em mim a vontade de ter a minha própria empresa, porém, todas as dificuldades da infância e as crenças que haviam sido construídas na minha cabeça, me faziam desistir com facilidade e a vida seguia. Eu gostava muito de estar envolvida em trabalhos na comunidade e procurava estar sempre participando de associações, eventos, trabalhos sociais e outros movimentos da comunidade.

Em 2013, eu fui convidada para assumir o cargo de gestora da Secretaria de Assistência Social do município em que eu morava, Ibiraiaras/RS. A princípio, claro que voltaram todos aqueles pensamentos de não ser capaz, não realizar um bom trabalho, mas me desafiei e aceitei o convite. Foram 3 anos e meio de muitos aprendizados, experiências vividas, crescimento pessoal e profissional.

Eu recebia muitos *feedbacks* positivos da comunidade e durante este período como gestora, fui desenvolvendo a autoconfiança, fui me libertando de muitas crenças e no final do período me senti encorajada a iniciar um novo movimento na minha vida. Realizar aquele sonho que tinha enquanto era CLT, de ter a minha própria empresa e ter a oportunidade de gerar trabalho para outras pessoas.

Então, em julho de 2016, se iniciou uma nova etapa da minha vida e que seria desafiadora. Eu mudei para a cidade de Chapecó, em Santa Catarina. Eu tinha em mente que queria empreender, mas não tinha ideia em que, e não havia um planejamento, principalmente financeiro. Cheguei sem trabalho, sem conhecer pessoas. Porém, eu precisava trabalhar e não queria voltar para a CLT. Assim, na semana que cheguei consegui a vaga de doméstica. Aceitei e este foi um momento que precisei lidar com minhas emoções, pois com frequência, eu ouvia das pessoas: "Sério, Luci? Você agora está trabalhando como doméstica?".

Inicialmente, ouvir estes comentários me incomodavam muito, mas fui lidando da forma que eu conseguia, ignorando muitas vezes. Também trabalhava aos sábados como diarista, para agregar renda. As pessoas gostavam do meu trabalho e passaram a me indicar para amigas. Em 4 meses, eu estava atuando só como diarista, com a agenda cheia e, em alguns momentos, com lista de espera de clientes. Fui entendendo que este poderia ser o segmento da minha empresa, pois havia uma demanda grande do serviço.

Em fevereiro de 2017, nasceu a minha primeira empresa, a Maria do Lar - Serviços Gerais, com a prestação de serviços de diarista residencial, eu mesma atuando e atendendo os clientes. Busquei orientações junto ao Sebrae para estruturar todo o processo da empresa, com o enquadramento MEI. Foi um período de aprendizados, cursos, Empretec, *networking* através de rodadas de negócios. A empresa ganhou visibilidade.

Considero que este foi mais um período de muitos desafios na minha vida, pois trabalhava o dia todo e à noite precisava encontrar em mim a força e a disposição imprescindíveis para estudar, aperfeiçoar a gestão da empresa, organizar os aspectos financeiros. Por inúmeras vezes, a vontade de desistir foi forte, constantemente me sentia engolfada pelos questionamentos sobre estar fazendo a escolha certa ou errada. Será que eu conseguiria vencer tantos desafios? Mas seguia firme, focada no meu objetivo e fui me tornando cada vez mais autoconfiante.

Continuei desempenhando a função de diarista, pois queria conhecer e entender todo o processo; e também, era através deste faturamento que eu conseguia fazer investimentos em conhecimento, estruturar a empresa, formalizá-la. Em muitos momentos trabalhei aos domingos para atender à demanda que surgia. A responsabilidade e confiança com que eu trabalhava me deram a oportunidade de aumentar a minha carteira de clientes.

Foi nascendo em mim uma Luci mais autoconfiante, empoderada. Com o desejo grande de prosperar, mas também partilhar esta minha jornada, minhas experiências, com outras pessoas, principalmente mulheres, inspirando-as a também olharem para seus projetos de vida e buscarem formas de realizá-los, vencendo seus medos e inseguranças, assim como eu estava me tornando uma vencedora a cada dia.

Entendi que a minha mensagem e a minha história poderiam ser transmitidas através de palestras, onde eu poderia alcançar muitas pessoas e ajudar a transformar as suas vidas de alguma maneira. Com este intuito, fiz o curso "Vivendo de Palestras" da Tathiane Deândhela, onde aprendi como estruturar uma palestra, através de várias técnicas direcionadas.

Em outubro de 2021, nasceu a minha segunda empresa, o Instituto Caminhos da Ação, tendo minha filha como sócia e parceira nos projetos. Com a experiência que eu adquiri, fui entendendo que poderia entregar mais que a palestra, desenvolver mais produtos e fazer uma entrega através do digital. Construímos a nossa esteira de produtos que inclui palestras, treinamentos para empresas e mentorias.

Porém, em dezembro deste ano, com muitos projetos em andamento, tive um momento desafiador na minha vida, agora na área da saúde. Através de exames, recebi o diagnóstico de que meu corpo havia desenvolvido uma doença autoimune, a artrite reumatóide, e que ele apresentava um elevado grau de inflamação. Segundo o médico, *"a artrite reumatoide não tem cura!"*. As dores e as inflamações poderiam aumentar em alguns momentos e seria necessária uma dosagem maior da medicação.

Neste momento, meu emocional foi fortemente abalado e eu só conseguia pensar nas metas que havia definido para os próximos meses. Eu lembro que meu pensamento foi: *"Eu não aceito este diagnóstico!"*. Mais uma vez a vida me colocou diante de um problema. Hora de aplicar a minha estratégia que já praticava, encontrar a solução dentro do problema.

Contando com relatos de pessoas que também vivenciaram este processo, conheci a Medicina Integrativa e busquei por profissionais desta área. Com eles, entendi de que maneira as inflamações estavam afetando o meu organismo. Em um ano consegui reverter todo o processo, encontrando novamente o equilíbrio da minha saúde.

Em 2023, enquanto escrevo estas páginas, faço uma reflexão de todo o processo e a emoção é forte, pois em muitos momentos me questionei se havia feito a escolha certa, em 2016. Com certeza, em várias situações foi forte a vontade de desistir. Lembro que nestes momentos, eu procurava inspiração nas pessoas que haviam conseguido vencer suas dificuldades e tinham construído o seu legado. Buscava compreender as estratégias que elas haviam aplicado, quais decisões haviam tomado nos momentos desafiadores e procurava replicar estes ensinamentos na minha vida. Foi determinante ter a clareza de que em meio a um problema, sempre há uma solução.

Então, passei a usar esta estratégia na minha vida e sempre que surgia uma dificuldade, procurava refletir e me questionar: *"Ok Luci! Agora você tem um problema e qual será a solução existente dentro dele?"*

Outra estratégia que passei a usar: nunca tomar uma decisão à noite. Deixava para decidir pela manhã, com a cabeça descansada, percebia que as respostas fluíam melhor. O meu dia se tornava mais produtivo e ficava mais leve.

Trazer minha história ao público só está sendo possível porque em 2016 decidi agir, fiz escolhas e tomei decisões. Escolhi acreditar no meu propósito, na minha força, nos meus sonhos, reestruturar a minha vida de uma forma diferente. Mesmo consciente de que não seria fácil e enfrentaria muitos obstáculos, mas confiante de que a cada desafio, a cada problema que me deparasse no caminho, dentro dele eu encontraria uma solução.

Enquanto escrevo estas linhas, meu coração transborda de emoção, lembrando-me de muitos momentos da minha vida. Sinto-me radiante e verdadeiramente grata pela oportunidade de trazer para o leitor as experiências que tenho vivido nos últimos anos e que tem me impulsionado a realizar o meu grande sonho, o de empreender.

Me permita, neste momento, trazer uma reflexão:

E na sua vida, qual é o seu sonho? Aquele anseio que faz seus olhos brilharem e seu coração se encher de alegria? Quais são as suas escolhas? Você escolhe dar atenção aos seus medos e inseguranças ou acreditar no seu potencial e na força para enfrentar as dificuldades da vida?

Lembre-se da "lei do plantio e da colheita", colhemos no futuro o que plantamos hoje, ou seja, o seu futuro é reflexo das ações e das escolhas feitas no aqui, e agora.

Então decida o que quer colher daqui há 5 anos...10 anos! Quer estar contando a sua história para o mundo e inspirando outras pessoas na busca pelos seus sonhos? Ou quer estar lamentando por não ter acreditado nas suas habilidades e competências?

De todo o meu coração, desejo poder estar ouvindo a sua história ser contada. Desejo que ela transforme muitas vidas, assim como eu espero estar transformando a sua.

GRATIDÃO!

Os anos em que passei apenas sonhando me deram inspiração para assumir o protagonismo da minha vida e alcançar o sucesso que vivo hoje.

Luci Paz

Luzia Duarte Frizzo

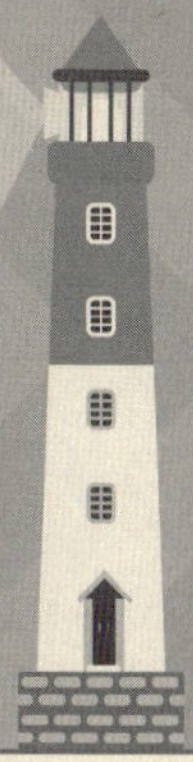

Luzia Duarte Frizzo, 49 anos, casada, mãe de 2 filhos. Advogada pós-graduada em vários ramos do Direito. Neuropsicanalista. Escritora e palestrante. Hipnóloga e mentora de Hipnoterapia. Formada nas maiores escolas de hipnose do mundo e pós-graduada no 1º MBA de Hipnoterapia Profissional do mundo. Especialista em tratamentos de ansiedade e depressão. Especialista em PNL para terapeutas.

Tem um propósito que é "transformar vidas" por meio da Hipnoterapia, e tem atingido esse objetivo com o resultado de centenas de mulheres que tiveram suas vidas transformadas, após passar pelo processo de hipnoterapia Método 3M e se tornado Mulheres Maravilhas Memoráveis.

luziaduartefrizzo

(45) 99829-5005

luziaduartefrizzo@hotmail.com

COMO SE TORNAR UMA MULHER MARAVILHA MEMORÁVEL

24

Por Luzia Duarte Frizzo

Fazia uma tarde fria de domingo, mês de junho de 2021, éramos um grupo de 80 pessoas reunidas no salão de eventos de um hotel sofisticado em São Paulo. Era o último dia de imersão numa formação de Hipnose Clássica da maior escola de hipnoterapia do mundo. Aquele treinamento estava sendo extremamente incrível, com transformações intensas dentro do meu emocional, por conta de todas as experiências hipnóticas vivenciadas naqueles dias.

No entanto, eu ainda tinha um propósito a alcançar naquela formação - ser a escolhida para passar pela hipnoterapia mais poderosa da formação, - a terapia da Suprema Felicidade - que seria aplicada pelo hipnólogo Michael Arruda, meu Mestre.

Meu propósito não era em vão, pois há tempos eu buscava a tal felicidade e não a encontrava, já que por anos eu carreguei uma crença limitante de que a felicidade não existia.

Conhecedora das 7 regras da mente, fiz uso da segunda: "O que é esperado, tende a ser realizado!" Para tanto, desejei, visualizei, mentalizei e esperei ser a escolhida, pois queria encontrar a famosa suprema felicidade. Criei uma estratégia. Minha mente fez o que foi necessário e de fato fui a escolhida.

Ao ser chamada, subi ao palco com o coração acelerado e cheia de empolgação, me sentindo especial. Sentei-me numa linda cadeira giratória estofada de branco. Honrada por ser hipnotizada pelo próprio Michael Arruda, que, sentado ao meu lado, iniciou o processo de indução, fazendo uso do interruptor hipnótico já instalado na minha mente, me conduziu a um profundo transe. Aplicando o protocolo terapêutico ensinado por sua escola, me libertou dos bloqueios que me impediam de encontrar a felicidade. Esses bloqueios eram relacionados à dores do meu passado, perdas, escolhas de vida e à morte do meu querido pai, ocorrida em 2018. Eu era uma sofredora.

Ao tratar minhas dores emocionais e desbloquear minha mente, Michael Arruda aplicou a terapia da Suprema Felicidade e entendi que realmente a felicidade existe, estava dentro de mim, e minha percepção de vida mudou. Ancorou em minha mente um estado de felicidade suprema e uma programação de todos os dias, ao acordar, escolher ser feliz.

Ele finalizou a sessão extraindo do meu subconsciente meus potenciais que me equipararam à uma heroína. Por fim, me batizou oficialmente com o codinome Mulher Maravilha!

Michael Arruda extraiu uma verdadeira Mulher Maravilha Memorável de dentro de mim e a ancorou em minha mente subconsciente.

Essa nova programação mental garantiu-me um estado de absoluta capacidade profissional como hipnoterapeuta para tratar pessoas com problemas emocionais de toda ordem. Percebi que, a partir daquele dia, já não era mais sobre mim, mas sobre como eu poderia impactar e transformar outras vidas e torná-las memoráveis.

Passei a trabalhar incansavelmente com a hipnoterapia, tratando muitas mulheres, criando o que eu, carinhosamente, chamo de "Exército das Mulheres Maravilhas Memoráveis".

Revelo a elas que a grande maioria das mulheres já nasce apta para se tornar uma super-heroína na vida adulta: empoderada, forte, guerreira, lutadora. Porém, um enorme percentual sequer percebe essa característica, por conta de bloqueios emocionais relacionados à insegurança, baixa autoconfiança, baixa autoestima, não merecimento, não pertencimento, rejeições ou outras crenças limitantes. Características adquiridas devido às suas vivências desde o ventre da mãe até a fase adulta, que causaram dores emocionais e suas mentes as colocaram em estado de defesa e desenvolveram o que eu chamo de "Síndrome da Mulher Maravilha Sofredora".

Aquela super mulher com uma visão distorcida do seu real poder. Que tem uma interpretação equivocada dos seus limites. Que se vê obrigada a ser forte por fora o tempo todo, custe o que custar, negligenciando seus sofrimentos. É uma guerreira, que luta incansavelmente, mas nunca se vê vitoriosa. E quando vitoriosa, não se permite comemorar suas conquistas, pois acredita que não fez mais do que seu dever. É aquela que não acredita na felicidade, pois o estado sofredor oculto prevalece. Que abandona o seu

"EU" para garantir que os outros estejam bem e felizes, especialmente seus filhos. Que sabota suas escolhas e desiste dos sonhos. Que precisa ser sempre perfeita e agradar a todos. Mas, perfeita aos olhos de quem? Sequer sabe responder a essa questão!

A Mulher Maravilha Sofredora se coloca na condição de obrigada a abraçar todos os problemas do mundo e resolvê-los. E se não consegue, se sente culpada. Assume mais responsabilidades profissionais e familiares do que sua mente é capaz de suportar. Não se permite demonstrar suas vulnerabilidades e nem pode dizer "não" porque isso a tornaria "fraca e egoísta".

Carrega a crença de que é difícil ser mulher, que tem que suportar dores físicas e emocionais, sofrer calada, engolir o choro. Não sabe e nem se permite viver uma vida plena da maneira que realmente merece.

Muitas vezes, por trazer consigo a Síndrome da Mulher Maravilha Sofredora, não se permite admitir que precisa de ajuda para curar suas dores emocionais e vai "empurrando" a vida, criando um falso avatar de heroína feliz e forte aos olhos dos outros, mas, por dentro, as dores não tratadas lhe corroem a alma.

Você se identifica de algum modo?

Então, cuidado, pois você pode estar acometida dessa síndrome. Tal condição impregnada na vida dessas mulheres, combinada com renúncias e perdas, sobrecarregam sua saúde mental, pois ficam gravadas em suas mentes subconscientes e desencadeiam gatilhos emocionais, desenvolvendo quadros de transtornos de ansiedade ou depressão, que se não forem tratadas, podem explodir em sintomas físicos e psicológicos, como síndrome do pânico, insônia, angústia, tristeza, medo, fobia, insegurança, pensamentos suicidas, dentre outros.

Importante ressaltar que todas essas dores, bloqueios e crenças limitantes, estão gravadas na sua mente subconsciente.

Com tratamentos psicoterápicos e psiquiátricos, convencionais e medicamentosos, é impossível tratar tais dores emocionais, pois estão gravadas em sua mente subconsciente, tratando apenas o consciente e os sintomas físicos.

Pesquisas científicas comprovam que é possível reprogramar a mente subconsciente por meio da hipnoterapia, tratando as dores emocionais e psicológicas, libertando a sofredora e transformando-a em memorável.

A título de curiosidade, a personagem Mulher Maravilha foi criada em 1941, pelo psicólogo e escritor William Moulton Marston, também criador do polígrafo, máquina capaz de detectar mentiras. Inspirado em sua esposa, criou a super-heroína, dona de uma personalidade de super força, super velocidade, reflexos apurados e resistência incomum, que tinha a missão de proteger a terra e semear o amor e a paz.

Tal personagem da década de 40 inspirou mulheres de todo o mundo com sua força e coragem, num momento histórico em que as mulheres enfrentavam diversos desafios na conquista de direitos como trabalhar e estudar, se sentiram encorajadas pela super-heroína moldando suas programações mentais.

Para tanto, nós, mulheres, já nascemos com o estereótipo da Mulher Maravilha incutido na mente! E isso é perfeito, pois para darmos conta de tantas responsabilidades que nos submetemos entre jornadas duplas, educação de filhos, estudos e trabalho, dentre outras, é necessário termos características de um superpoder.

O problema está quando desenvolvemos a síndrome da Mulher Maravilha Sofredora.

Eu desenvolvi essa síndrome a partir dos meus 36 anos, quando, no dia do meu aniversário, sepultei minha mãe que morreu de câncer. E assim se deu por anos consecutivos, porém, fingindo ser forte o tempo todo e por dentro com a angústia latejando. Até que olhei para dentro de mim, me acolhi e percebi que podia expor minhas vulnerabilidades, reconheci que precisava de ajuda, descobri a hipnoterapia e permiti tratar minha mente subconsciente, reprogramando-a.

E quando eu passei pela terapia da Suprema Felicidade, a minha vida realmente se transformou. Percebi que eu estava liberta dessa síndrome tão devastadora. Naquela hipnoterapia, me libertei das minhas dores, me tornei uma Mulher Maravilha Memorável! A partir dali, passei a olhar além de mim e para aquelas mulheres que eu poderia ajudar a transformar com o meu trabalho de hipnoterapeuta.

Direcionei o meu foco e dia a dia venho transformando a vida de outras mulheres acometidas da Síndrome da Mulher Maravilha Sofredora e transformando-as em Mulheres Maravilhas Memoráveis.

Mas enfim, como é ser essa heroína memorável?

Aquela que por dentro e por fora é uma verdadeira guerreira, com força, garra e coragem, com olhar de amor para si mesma. Uma lutadora sim, mas que, acima de tudo, alcança a vitória e se reconhece como vitoriosa. É resiliente e que sabe falar "não". Que passa por desafios profissionais e pessoais, mas os enfrenta de cabeça erguida, sabendo que tudo vai dar certo ao final.

É uma mulher que define metas e as alcança, que é produtiva. Que conclui tudo o que começa. Que tem orgulho de si mesma, da sua história de vida. Que reconhece sua capacidade, é positiva e realizadora. Que luta por seus sonhos. É feliz, acima de tudo.

Que desenvolve uma jornada de vida memorável com o objetivo de alcançar o equilíbrio ideal entre sua dedicação ao trabalho, à família e ao seu lado pessoal. Com essa nova mentalidade de que é livre para fazer escolhas, o que influencia consideravelmente na tomada de decisões ao longo da vida, direcionando-a ao sucesso profissional e uma vida bem-sucedida, leve e plena.

Sim, é plenamente possível se libertar da programação de sofredora e se transformar numa Mulher Maravilha Memorável, passando pelo processo de hipnoterapia, que busca a causa inicial na sua mente subconsciente, ressignificando todas as dores emocionais, desbloqueando, fortalecendo e reprogramando a mente para uma vida feliz, com equilíbrio nos aspectos pessoal e profissional.

Eu me tornei uma Mulher Maravilha Memorável e você também pode, pois te indiquei o caminho da hipnoterapia. Bem-vinda a esse exército de memoráveis!

Quando me libertei das minhas dores, me transformei numa Mulher Maravilha Memorável!

Luzia Duarte Frizzo

Marilene Mattia

Sou Marilene Mattia, relações públicas, *coach* e mentora de comunicação, escritora, palestrante e pastora. Atuo no desenvolvimento pessoal e profissional com líderes corporativos e eclesiásticos. Utilizo ferramentas e técnicas para uma comunicação poderosa com empatia e assertividade.

Minha inspiração é levar a paz através de uma comunicação cognitiva, emocional e empática, pilares essenciais para as relações humanas. Com esta estrutura, diálogos e conversas serão prazerosos e assertivos!

marilenemattia1

(54) 99981-0858

mattiamarilene@gmail.com

COMUNICAÇÃO PODEROSA COM EMPATIA

25

Por Marilene Mattia

"Por que as pessoas se agridem com palavras, ferindo umas às outras?", "Por que falam sem pensar?", "Por que as pessoas não se entendem?", "Quem está certo, quem está errado?", "Onde está a comunicação?", "Você sabia que a sua falta de comunicação é a responsável por seus relacionamentos familiares e profissionais?", "Pela perda de emprego e oportunidades de negócios que te são apresentadas?", "Sabia que a sua falta de comunicação é responsável pelas decisões que você toma?", "Você já se perguntou sobre o que aconteceu com o seu diálogo, sobre onde foi parar a conversa que você tinha e os bons relacionamentos?", "Por que muitas famílias não avançam em suas relações?"

Foi por estes questionamentos - após lembrar de uma situação que aconteceu comigo na infância - e por algumas que presenciei e presencio ainda hoje, que me preocupei e resolvi estudar os 3 pilares da empatia. Pilares estes responsáveis por obter uma base forte e determinada na arte de se comunicar bem. Se colocarmos estes pilares em prática, nossa comunicação e relacionamentos serão completos. Desta forma, haverá respeito e leveza na comunicação.

Apesar de todas estas questões e de tantas ferramentas específicas para que o indivíduo seja ajudado, porque muitas pessoas ainda não mudam ou não procuram ajuda? Mediante esta pergunta, podemos constatar através de conversas informais, mas também por meio de pesquisas, que 8 em cada 10 funcionários na atualidade tem pedido sua demissão por conta de seus gestores, líderes, que não conversam, não geram diálogos. Não geram empatia, não escutam suas equipes, causando, assim, prejuízo às empresas. Devido a todo este exposto, não poderia deixar, é claro, de trazer esta ressalva tão importante e pertinente à comunicação, pois faz parte e está totalmente inserida em tudo o que fazemos relacionados ao tema.

Com o avanço da tecnologia e suas constantes inovações em todos os setores da indústria, comércio e também residências, a comunicação tornou-se agente de comandos, muito mais do que de diálogos e conversas, sem conteúdo, muitas vezes, que causem interesse pelas partes. Com isso, há um afastamento das pessoas, pois elas ainda buscam por relacionamentos mais próximos e afetivos.

Viver apenas com o seu celular ou tablet na rotina de seu dia a dia, pode incorrer no risco de criar seu próprio "mundo", de exclusividade sua. O risco de entretenimento extremo através das telas digitais pode contribuir significativamente para o afastamento das pessoas. Sejam elas adultas ou não, correm o mesmo risco, incluindo as crianças que são muito mais vulneráveis. A presença do tablet ou celular para as crianças e adolescentes, contribui para que elas sejam afastadas de seu convívio familiar, pois entram em um "isolamento social" perigoso, onde muitas vezes seus pais ou responsáveis não sabem o que está acontecendo.

A tecnologia e os aparelhos vieram para facilitar e não causar problemas, porém, temos acompanhado seus fatores negativos, tais como: dificuldades na visão, déficit de atenção, redução da audição, obesidade, stress, falta de limites, rebeldia, desobediência. Tudo isso pela dificuldade em não se conseguir o equilíbrio, de não se saber mais viver sem esta ferramenta tecnológica, a qual veio para facilitar e agilizar a vida moderna.

Foi retendo este olhar sobre tudo o que está ao nosso alcance, que não tenho dúvidas do quanto as pessoas estão precisando reaprender a se comunicar, de uma forma que as leve a ter equilíbrio e atenção ao seu interlocutor. Dar importância ao modo de falar e se expressar de acordo com o tempo e o momento exigidos para cada conversa. Seja em reuniões de negócios, fazendo uma pauta, redigindo seus tópicos, dando a devida atenção aos seus colaboradores, convidados, familiares, enfim, é o tempo que nos dedicamos a fazer isso - escutando as pessoas, demonstrando o seu interesse no que está sendo falado, comunicado - que faz a diferença.

É preciso se dedicar a esse formato antigo, mas totalmente novo para a atualidade. O tempo, a correria, é uma questão de ajustarmos nossa comunicação, seja na empresa, em casa ou com os amigos, tudo isso tem a ver com o modo pelo qual transito entre os ambientes que frequento.

A proposta deste capítulo é trazer você, leitor, a fazer uma reflexão sobre o seu modo de comunicar, de como você tem se relacionado com as pessoas que convive, qual o seu *feedback* sobre elas e elas sobre você. Você tem sentido que suas relações têm sido prejudicadas? Que tem perdido amigos, familiares, colaboradores, negócios, convites, por falta de comunicação? Por não saber interagir? Por falta de entendimento relacionados aos assuntos que geram conversas e precisam ser colocados de forma assertiva para que seus diálogos e conversas fluam e obtenham sucesso na comunicação?

Se os seus resultados não estão sendo satisfatórios, comece a aplicar o que este capítulo te trouxe. Comece a exercer o que já está dentro de você, que é a vontade de saber se expressar, falar em público, falar em casa, falar na empresa, ou seja, saber comunicar-se de forma completa, exercendo todas as ferramentas disponíveis para que isso ocorra de fato. Te convido a ser o mais novo comunicador do Universo, aquele que sabe para que veio, nesta missão tão especial que é a vida. Esta missão, onde o falar e expressar-se é grandioso, pois o Criador entregou este presente a todos nós!

Sabe o mais lindo de tudo isso que falamos? É a expressão que temos, é o modo pelo qual nós - mesmo nas dificuldades que nos são apresentadas também nesta área - ainda assim fazemos acontecer! E se tivermos dificuldades que não nos permitem falar, mesmo assim nos comunicamos, pois o que está em nosso interior nos impulsiona a dar um jeito, a nos desafiarmos para a maior jornada de nossas vidas: A COMUNICAÇÃO. Sendo entendida por todos, sendo possível para todos, basta querermos acessá-la e irmos ainda mais longe, alcançando pessoas, cumprindo a missão número 1 da vida: **nos relacionarmos uns com os outros!**

Quero muito ter o feedback de vocês! Quero muito poder ajudá-los nesta jornada incrível da COMUNICAÇÃO PODEROSA COM EMPATIA, A COMUNICAÇÃO COMPLETA PARA TODOS! Quero ajudá-los a destravar, desbloquear a fala, pois é através deste modo de se expressar que muitas vezes você não é entendido, como já falamos aqui. Estou dispondo para você a Jornada da Comunicação Poderosa com Empatia. Nesta Jornada, te convido a usufruir da oratória com a postura e imagem profissional que você precisa para avançar e fazer o mundo te ouvir. Suas habilidades são imprescindíveis para fazer fluir a sua comunicação poderosa, portanto, acesse este universo e conquiste, pois para todos aqueles que se dispõem, o céu é o limite!

Aqui vai uma dica poderosa: Tenha EMPATIA (perceba a pessoa, conecte-se com ela), ESCUTE (preste atenção em suas palavras), PENSE (vá analisando, queira ajudá-la, busque a solução), RESPONDA (desenvolva uma comunicação assertiva de resultados).

A abordagem sobre o título desse capítulo obteve seu enfoque inicial a partir de palestras realizadas na cidade de Sapucaia do Sul/RS, no Palco dos Diamantes e em São Paulo/Alphaville, no Arrasta Pra Cima, evento de empreendedorismo e doações para a África, devido a sua importância e relevância junto aos diversos públicos. Com isso, trouxemos ao conhecimento do público a importância de tornar conhecido os 3 pilares que sustentam uma comunicação de real importância à escuta das pessoas, com a preocupação do que elas sentem, do porquê elas se relacionam bem ou mal. Por este motivo, defendo e trago ao conhecimento de todos os 3 pilares da empatia, citando também as demais ferramentas técnicas, para que a comunicação seja completa.

Com a **empatia cognitiva,** conversamos com a pessoa que está à nossa frente e tomamos conhecimento do que ela precisa. Escutamos ela, mas não agimos, há um controle sobre a situação. Com a **empatia emocional,** o segundo pilar, conversamos com as pessoas e percebemos que algo está acontecendo, se o seu emocional está abalado. Paramos para escutá-la, agimos em seu favor. O terceiro pilar, a **preocupação empática**, entramos no problema, nos envolvemos como ouvintes, realmente querendo fazer aquilo que fará bem à pessoa e ajudá-la a sair da situação em que está.

O propósito deste capítulo é impulsionar você a ser um excelente comunicador, de forma completa, onde as pessoas dirão que entendem e compreendem a sua mensagem de forma clara, com a entonação de voz adequada ao discurso, sem interferência de fatores ou ruídos na fala. É você como agente transformador, com uma comunicação empática e assertiva. Você como elo da paz entre as pessoas, sem conflitos ou embates nas discussões, mas gerando conexões poderosas.

Diante deste quadro, seremos protagonistas de nossa história, deixaremos um legado, pois colaboramos em seu êxito. Ouviremos falar que a comunicação é a essência para as relações de sucesso pessoal, familiar e profissional, a base para você avançar e desenvolver a sua vida! Fale, Expresse, COMUNIQUE!

Referências bibliográficas:

Comunicação não violenta – Marshall B. Rosenberg.

Comunicação eficaz com empatia – Diana Bonar.

Empatia Assertiva – Kim Scott.

Todos se Comunicam, Poucos se Conectam – John C. Maxwell.

“

O poder da comunicação nas relações gera transformações!

Marilene Mattia

Regis Lanza

Tenho 51 anos, sou casado há 22 anos com a mulher mais "sortuda" do mundo – minha querida Glau – e temos duas filhas lindas, Maria Clara e Manuella, que são a razão da minha vida.

Trabalhei por mais de 20 anos liderando equipes de alta performance, sendo os últimos 13 como executivo em uma grande multinacional.

Há 3 anos ajustei a rota em minha carreira e me tornei *coach* e mentor especializado em Produtividade e Liderança.

Transformo líderes que se sentem sufocados em suas atividades diárias em suas melhores versões, ensinando a entregarem os resultados com excelência, terem o respeito e a cumplicidade do time, sem abrir mão de suas responsabilidades e nem do seu tempo livre de qualidade.

regis_lanza

Regis Lanza

regislanza.coach@gmail.com

NADA RESISTE
AOS RESULTADOS

26

Por Regis Lanza

Nasci e cresci na cidade de São Caetano do Sul, no ABC Paulista, junto com meus pais e minha irmã mais nova, atrás de nossa casa morava nossa avó materna, que sempre esteve presente no nosso dia a dia. Pode-se dizer que éramos uma família simples e que, se graças a Deus nunca nos faltou alimento e o básico, também nunca nos sobrou para ostentar ou fazer estrepolias.

Se por vezes nos faltava condições financeiras para ter ou fazer alguma coisa, não posso dizer o mesmo daquilo de mais importante que meus pais me ensinaram: valores como **honestidade**, **gentileza** e **respeito**, se me tornei quem eu sou hoje, devo muito ao exemplo que vi dentro de casa. Aprendi claramente que estes, assim como tantos outros valores, independem de poder aquisitivo, isto pode e deve ser ensinado de pai para filho e talvez os meus pais não tenham dimensão do quanto sou grato a eles por isso.

Devido a nossa situação financeira, para fazer algumas coisas diferentes, era necessário pensar e agir diferente. Aos 12 anos, o passeio dos amigos da escola era ir ao cinema no sábado e depois comer um x-salada em uma lanchonete no centro da cidade; nem sempre se tinha dinheiro pra isso, mas eu tinha uma prima (Márcia) que deixava que eu lavasse o carro dela no final de semana pra ganhar um trocado, o que era mais do que suficiente para o meu passeio. Tenho certeza de que não se tratava de ter o carro limpo, mas sim, da forma que ela encontrava para me ajudar sem que eu pedisse, assim havia uma troca e não seria algo dado. Lembro disso com muito carinho até hoje.

Aos 14 anos, comecei a trabalhar de carteira assinada, como office-boy, em um banco da cidade – e acreditem, não foi fácil. Em uma semana, eu chegava da escola e a única preocupação que tinha era saber onde seria o jogo de futebol e na outra semana, eu precisava me arrumar e ir para o banco trabalhar, ter um chefe que me cobrava e pedia as coisas, tinha que ir a lugares que não conhecia. Naquela época, em 1986, não havia celulares, Waze, GPS ou Google, era o velho guia de ruas, usar ônibus, trens e o que fosse necessário.

Três meses depois, comecei o meu novo emprego, como mensageiro interno na General Motors do Brasil. Além de uma mudança radical de estilo de trabalho, pois agora não precisava mais ficar na rua, esta mudança me proporcionou o maior período de aprendizado humano e profissional que alguém na casa dos 15 anos poderia ter. Não achem que tudo foram flores, muito pelo contrário, trabalhava no setor de expedição postal com um grupo de mais ou menos 10 a 15 pessoas, na sua maioria entre 15 e 19 anos, com histórias de vida completamente diferentes. Aprender a trabalhar as expectativas, entender a hierarquia, as regras e os costumes internos não foi fácil. Hoje entendo que foi um período de ouro, mas na época, foi um tanto difícil perceber isso.

Em 1991, tomei uma das decisões que, com certeza, mudaram o rumo da minha vida. Eu já estava há 3 anos na GM e posso afirmar que já tinha uma carreira sólida na área que atuava, porém, esta não era a área que eu estudava. Com meus 19 anos, estava no 2º ano da faculdade de Ciências da Computação e queria migrar de área para trabalhar com tecnologia. Infelizmente, na época, a alternativa era pedir pra ser desligado da GM e correr atrás para iniciar uma nova jornada nessa área.

Confesso que não foi fácil, doeu. Durante o ano seguinte, me cobrei, me julguei muitas vezes pela decisão que havia tomado e aqui quero compartilhar com vocês um grande aprendizado que eu tive: "**Julgar depois do resultado, é fácil – aprenda a ser justo com você e com os outros**". Estou dizendo isso pois em menos de um mês após a minha saída da GM e cheio de expectativas para o início em um novo trabalho, o Brasil foi apresentado ao Plano Collor – o confisco do dinheiro das pessoas e empresas. E se algum de vocês viveu esta experiência, vai se lembrar que absolutamente tudo que girava a economia parou, ou seja, não havia empregos, aliás, nem os cadernos de emprego nos jornais eram impressos, e por muitas vezes me vi olhando para trás e me cobrando por algo que estava completamente fora do meu alcance. Julgar a si mesmo e aos outros depois do resultado é fácil e é cruel.

Felizmente, um ano após este evento, com o apoio de uma pessoa muito especial (meu tio Valdecir), ingressei na área de Tecnologia da Informação, onde desenvolvi minha carreira por mais de 25 anos. Comecei como estagiário, fui programador, analista de sistemas, coordenador de equipes. Assumi meu primeiro cargo como líder em 1996 e percebi o quão importante eram as relações humanas, as gestões de expectativa, as entregas, os resultados, enfim, percebi que muito além da tecnologia, minha paixão era as pessoas.

Ao me tornar líder, percebi que recebemos além do status e do "poder" do cargo, todos os **deveres** que ele nos impõe – tomar decisões difíceis, assumir responsabilidades que às vezes não queremos ou nem estamos preparados e, principalmente, nos tornar "vitrine" – sim, o líder precisa ser exemplo e ele será julgado pelo time e pelos seus líderes por todas as suas ações, isso faz parte do jogo.

Liderar pelo exemplo, tendo a consciência que não será perfeito e talvez este tenha sido um dos meus maiores desafios. Sempre me cobrei demais, muito mais do que cobrava os meus liderados, minha auto expectativa estava alta e quando eu não a atingia, sofria e me cobrava em excesso.

Hoje aprendi, depois de duras penas, que isso não passa de autoflagelação. Precisamos definir expectativas realistas para a nossa vida e não criarmos padrões inatingíveis. Isso foi libertador, pois comecei a perceber que posso e vou errar e aqui quero deixar esta reflexão a você: **Cuidado com as expectativas que você está depositando sobre você e sobre os outros que estão ao seu redor**. Não se trata de aceitar tudo de qualquer jeito, ao contrário, sua régua precisa estar alta, mas precisa estar em um patamar que você possa atingir, caso contrário, ao invés de vitórias você vai começar a acumular frustrações.

"Muitas pessoas querem mudanças, mas poucas querem mudar" – não sei quem foi o autor desta frase, mas ela representa muito daquilo que vivemos atualmente. As pessoas querem resultados melhores, mas não estão dispostas a investir e aprender, querem ter o corpo dos sonhos, mas não querem se comprometer com uma alimentação saudável e uma rotina de exercícios, querem sucesso em sua vida profissional, mas não estão dispostas a construir o caminho e a jornada necessárias. Buscam soluções mágicas, cursos de 5 minutos e caminhos que possam resolver seus proble-

mas do dia para a noite – se enchem de esperança e, infelizmente, acabam experimentando a frustração.

Porém, este ainda não é o pior cenário. A pior parte vem quando a pessoa se acostuma a não ter o resultado que desejava e passa a acreditar com todas as forças que não é capaz, que não há mais nada que ela possa fazer para alcançar seus sonhos e objetivos. Uma pessoa sem esperança torna-se uma pessoa sem vida, sem propósito.

Sei disso pois vivi essa fase, experimentei viver sob esta sombra onde nada fazia sentido ou que todo esforço era em vão. Não foi fácil, mas passo a passo, assumindo a responsabilidade pelas minhas decisões, fui retomando meu caminho e percebi que precisava mudar, sair do modo automático se de fato quisesse resultados diferentes.

Despertei para a vida, percebi que se o próprio Deus investiu Seu tempo para me criar, me imaginar, me desenhar, me projetar para esta vida, eu deveria retribuir da melhor maneira possível. Nenhuma pessoa que eu conheço começa qualquer projeto para dar errado, imagine Deus! Eu e você somos um projeto único feito pelo Criador, para darmos certo – entenda, dar certo não significa não ter problemas e dificuldades, significa triunfar, apesar deles.

Meu convite a você, neste momento, é de uma reflexão profunda sobre o seu momento atual. Talvez você, assim como eu, tenha "apanhado" muito da vida, talvez ainda esteja neste momento, mas perceba, relembre, **você é um projeto feito por Deus para dar certo**. Está na hora de despertar, tomar novamente em suas mãos as rédeas de sua vida, programar o próximo passo, apenas o próximo. Assim como o farol do carro que em uma estrada sem luz ilumina apenas os próximos 100 metros e quando você segue por ele torna-se possível enxergar os próximos 100 - dê um passo por vez - mas não desista, busque ajuda, tenha mentores e faça a diferença que você nasceu pra fazer.

Escutando uma vez o professor Mario Sergio Cortella, ele disse: "*Pode discordar, pode divergir, pode reclamar, mas não pode resmungar*". O resmungão é aquele que nos convence que não tem jeito e se não existe saída, não existe o que pode ser feito, logo, não há nada a fazer – **se livre do resmungão!!** Ele é aquele que está em uma sala sem luz e fica reclamando que ninguém toma uma providência, porém, ele mesmo não é capaz de levantar da cadeira e acender a luz.

Quantas vezes estamos deixando o resmungão tomar conta das nossas vidas e das nossas decisões? Às vezes de maneira inconsciente, mas agora você pode fazer diferente. Escreva quais são as mudanças que você precisa fazer para que o resultado seja diferente. Qual é o pequeno passo que você já pode fazer na próxima semana? Que dia e horário você vai fazê-lo? Comece, persista, não pare e os resultados começarão a aparecer.

Sempre repito esta frase: **"Nada resiste a resultados. Não há nada tão sólido que resista a uma sequência de resultados ruins, porém, não há nenhum obstáculo que se sustente ante a uma série de resultados positivos".**

Como aprendi com o meu mentor e palestrante internacional Geronimo Theml, tudo na vida é resultado, podem ser excelentes ou péssimos, não importa, eles são frutos das estratégias que usamos. Estratégias ruins, resultados ruins, estratégias vencedoras, resultados extraordinários. Ao invés de chorar pelo leite derramado, invista o seu tempo analisando qual é a estratégia que te trouxe até aqui e o que você pode mudar nesta estratégia para conseguir um resultado diferente. Quando fazemos isso, começamos, de fato, um movimento em relação a nossa mudança de vida.

Assuma o comando, saia do automático, se torne o projeto vencedor que Deus te criou pra ser.

"

Suas decisões e suas atitudes definem seus resultados e nada resiste a resultados.

Regis Lanza

Rosane Vilas Boas

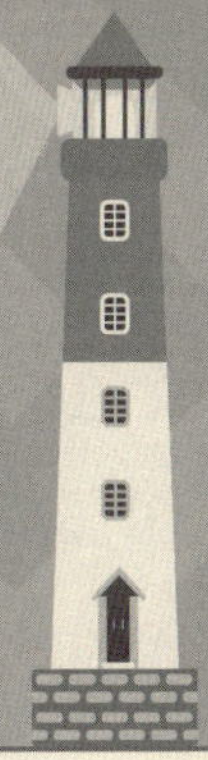

Motivada em buscar sempre o que há de melhor e novo no mundo, sou um ser que gosta de experiências e usa isso para buscar conhecimento e sabedoria para entender o ser humano, usando a comunicação e a criatividade para guiar outras pessoas a se conhecerem verdadeiramente.

Sou orientadora em Desenvolvimento Humano, analista existencial e especialista em Comunicação, Gestão e Liderança, com 15 anos de atuação no mercado.

Propósito: inspirar as pessoas a superarem seus limites internos.

rosane.vilasboas

Rosane Vilas Boas

(65) 98127-1553

EM VEZ DE PRESSA E ANSIEDADE, CONSTÂNCIA E SERENIDADE

27

Por Rosane Vilas Boas

A vida já me trouxe bons aprendizados até aqui. Com meus 35 anos de vida, pude entender com as experiências e escolhas que tive que aquilo que desejo ter depende apenas de decisões diárias e que eu sim, sou a protagonista de como tudo irá acontecer.

Cresci rodeada de amor e carinho dos meus pais. O afeto, as palavras de conselho e apoio, a orientação para que as escolhas continuassem sendo feitas seguindo os princípios, continuam sempre comigo.

Foi na família que tive as primeiras e importantes lições da vida. Eu me lembro que sempre tive contato com os meus parentes e foi na casa dos meus pais que eu aprendi como as relações interpessoais aconteciam, era lá que as conversas fluíam sem medo do julgamento, sem rancores, dando risada de situações constrangedoras, mas que viravam piadas, que eles cantavam e faziam planos.

Foi nessa família de muitos integrantes que eu cresci, tendo uma educação regrada por princípios cristãos e entendendo que para chegar aonde eu quisesse, bastaria apenas eu buscar, mas sempre cuidando de quem estava comigo.

Quando cheguei na minha fase adulta, em que escolhi trabalhar em uma grande instituição financeira do mercado brasileiro, me vi desafiada a fazer o meu melhor para contribuir verdadeiramente com aquela empresa, que havia me dado a oportunidade de ser estagiária aos meus 18 anos de idade. Foi lá que eu, uma jovem mulher ainda sem formação acadêmica e com tanta coisa para aprender, iniciei uma carreira que percorreria 15 anos, atuando como líder e executiva de comunicação, marketing e planejamento estratégico.

Durante todos os anos que trabalhei nessa empresa, amei cada minuto que estive lá e lembro que, para mim, aquele ambiente de constante frenesia me fez descobrir como era necessário ser produtiva para entregar muito mais que o previsto, para poder me destacar, poder contribuir e aprender mais e assim buscar novas posições na hierarquia, ou seja, um cenário normal de trabalho e propício para o meu crescimento profissional.

Mas havia algo em mim que estava "fora do eixo". Eu me baseava em alguns pilares que me proporcionavam entregar muitos resultados, afinal eu estava como gerente de marketing gerindo, por vezes, mais de 30 projetos simultâneos, conquistando respeito e autoridade na empresa, mas estava deixando de respeitar as pessoas que estavam comigo, deixando de olhar para mim e para quem estava tão próximo de mim. Atuando simplesmente para ter cada vez mais performance.

Me lembro que eu me preparava muito bem para mostrar à diretoria como estavam os projetos, os resultados dos investimentos feitos, o cumprimento do cronograma das ações previstas. Levava apresentações detalhadíssimas, guiadas por um sistema de monitoramento dos projetos que havia implementado na área e mal dizia o nome das pessoas que estavam fazendo acontecer cada projeto. E antes que você pense que talvez a diretoria que eu tinha não me dava abertura para trazer elementos mais humanizados, não era isso, toda a responsabilidade de não valorizar verdadeiramente as pessoas estava comigo. Era apenas eu que estava tão mergulhada no meu próprio ego e nos meus medos e necessidade de me manter naquele universo, que me levaram a ser uma pessoa fria e focada apenas em resultado.

Tive indícios de que não estava indo tão bem quando vi a minha saúde emocional, física e meus relacionamentos começarem a ir "por água a baixo". Comecei a ter todos os sintomas depressivos que poderia ter e a viver uma vida de expectativas nunca alcançadas, colocando sempre a responsabilidade nos outros por aquilo que não estava tendo.

Recebia *feedbacks* dos meus colegas de trabalho de que eu não dava a devida atenção para as necessidades deles, ou que eu poderia melhorar no que se tratava de relacionamento interpessoal, mas para mim, era apenas a percepção deles que estava errada, afinal eles não estavam percebendo todo o esforço que eu fazia para entregar as demandas da empresa. E era exatamente isso que acontecia, eu trabalhava para entregar demandas e fazia com que todos que trabalhavam comigo também atendessem às demandas. E olha que eu já havia estudado muito sobre liderança, mas parecia que nada daquilo havia adiantado.

Um ciclo que se repetia ano após ano, mas que não poderia continuar, então... A sabedoria divina, que aqui tratarei como "a mamãe dor", veio me ensinar que era necessário mudar, porque eu simplesmente havia me perdido de mim mesma.

Foi no ano de 2019, quando retornando da licença-maternidade do meu primeiro filho, após uma conversa com o meu gestor imediato, tive a notícia que não teria mais a gestão sobre a minha equipe. A dor foi tão grande pra mim, que para alguém que prezava em crescer e alcançar resultados, perder algo profissional era realmente um sentimento de luto. E foi com esse sentimento que passei por algumas semanas, simplesmente sem ter chão, porque, afinal, tudo aquilo que eu entendia que fazia muito bem, na verdade não era tão bom assim.

Eu vivi aquele momento de luto, chorei muito, senti vergonha, senti medo e busquei ajuda. Foi diante daquele cenário de dor, confusão mental e emocional que eu percebi o quanto eu precisava me conhecer e saber quem eu havia me tornado e porque eu tinha feito escolhas tão distantes da minha essência.

Enquanto eu buscava uma nova forma de trabalhar, tive a oportunidade de aprender um formato de fazer gestão, tive a oportunidade de ter uma referência de alguém que eu admirava muito, ao qual passou a ser o meu gestor, em como eu poderia lidar melhor com as pessoas e como as relações poderiam ser mais leves.

Quando eu percebi o valor das diferenças, eu entendi que eu não era autossuficiente e que, em muitas vezes, da minha vida eu seria mestre, mas na maioria das vezes eu seria aluna e que as pessoas que estavam comigo haviam sido atraídas por mim para que eu pudesse me desenvolver e ajudá-las também. Então, havia ali uma complementaridade e que independentemente da posição hierárquica que estávamos na empresa ou em qualquer relação, estávamos todos evoluindo juntos e precisávamos uns dos outros.

Percebi que existe uma relação de contribuição verdadeira e muito maior do que imaginamos entre cada pessoa que passa por nossa vida. E quando olhei para a minha equipe, para as pessoas que estavam próximas de mim, como colegas de trabalho, eu "baixei a bola", reconheci o valor de cada uma delas e passei a fazer um trabalho de gestão verdadeiramente humano. De forma prática, eu trouxe para a equipe um contexto de mudança na forma como nos relacionávamos e como poderíamos contribuir com aquela empresa. E percorri essas mudanças fazendo o seguinte:

– Compartilhando o perfil comportamental de cada um e descrevendo a complementaridade que havia entre cada colaborador da equipe, para que pudéssemos olhar o quanto cada um contribuía para o que faltava no outro e que as diferenças, que por vezes geravam atritos, eram normais por terem perfis, por vezes, opostos;

- Construindo o planejamento de trabalho com menos rigidez e com mais profundidade de valores, sendo inspiradora, audaciosa, buscando resultados de médio e longo prazo. Estimulando os responsáveis por área a trazerem à tona seus conhecimentos, seus sonhos e percepções da empresa, muito além de demandas ou necessidades que haviam chegado até eles;

– A utilização do método Holocrático, fundamentando a minha gestão em dar à equipe a autonomia, o respeito, a complementaridade, a autogestão necessária para uma rotina de mais produtividade e equilíbrio;

– A reorganização da minha agenda para acompanhamento dos projetos, não para cobrar a execução, mas sim, para ser fonte de conexão da equipe com outras pessoas e de aconselhamento para eles;

– A visibilidade e reciprocidade do empenho e responsabilidade de cada um da equipe diante da diretoria e demais colegas da empresa.

Foram atitudes simples, mas me trouxeram alguns resultados como:

– Autonomia e autodesenvolvimento da equipe, me possibilitando trabalhar com mais serenidade, podendo apoiar e orientá-los nas necessidades de desenvolvimento individual;

- Ampliação no número de projetos sendo executados, devido a autonomia dos colaboradores, proporcionando uma execução mais eficiente e rápida, sem precisar passar tudo por mim;

– Aumento na avaliação do meu modelo de gestão, sendo considerada uma das maiores notas como gestora da empresa;

– Contribuição como mentora para vários colegas líderes e gestores que buscavam orientação para o seu crescimento profissional.

E digo que o mais importante foi ver as pessoas que trabalhavam comigo estarem felizes e realizadas por trabalharem em uma equipe em que tinham autonomia, tendo com quem contar e sendo valorizadas pelos seus resultados.

Hoje não trabalho mais nessa empresa, porque entendi os ciclos da minha vida, agora ajudo outros profissionais a viverem a sua essência dentro das empresas em que trabalham e, assim, terem uma vida de muitos resultados, tendo paz, serenidade e equilíbrio.

Quando olho para a minha trajetória até aqui, percebo que tudo tem uma intenção maior e que se hoje estou aqui, escrevendo para você, é porque há uma forma de viver sendo quem você nasceu para ser, sem perder a alegria de viver... Evoluindo, servindo e curtindo a vida!

Olhe para a sua vida hoje. Se você percebe que está em um ciclo sem fim de desequilíbrio em alguma área da sua vida, não está com resultados satisfatório do seu trabalho ou da sua equipe, talvez seja um sinal para você se reencontrar com você mesmo e descobrir a grande força que há dentro de você, que é possível te levar para onde você quiser, amparada por um Deus de infinitas possibilidades.

Você é um ser em construção, mas que já tem todas as ferramentas necessárias dentro de você, basta acessá-las. Seja feliz e tenha paz com as escolhas que você tem na sua vida.

“

Há uma forma de viver sendo quem você nasceu para ser, sem perder a alegria de viver... Evoluindo, servindo e curtindo a vida!

Rosane Vilas Boas

Sandra Siqueira

Sandra Siqueira nasceu e foi criada na periferia de Santo André/SP, e aos 55 anos é empresária, escritora, diretora financeira de uma empresa de transportes e acaba de se tornar sócia-investidora de uma franquia do Le Entrecot de Paris, em Portugal.

Graduou-se em pedagogia aos 33 anos, fez pós-graduação em Gestão de Negócios aos 50 anos e não parou por aí. Como uma boa empreendedora, já experimentou o gosto amargo da falência, que a fortaleceu e a colocou no caminho dos desafios. Atualmente, desfila na passarela da persistência e das conquistas e se diz ser uma mulher empoderada, porque faz uso da sabedoria de Deus.

_mulheresconfiantes

Sandra Siqueira

sandrasiqueiraoficial@outlook.com

LIBERTANDO-SE DE UM CONTO DE FADAS

28

Por Sandra Siqueira

"Amiga, eu jamais imaginei que você, uma mulher tão submissa, conseguiria dirigir um carro, muito menos que teria coragem de comprar um sem seu marido saber, que chegaria ao portão da sua casa motorizada e o surpreenderia ao anunciar que o carro era seu!"

Devo confessar que ouvir a minha amiga de infância declarar, admirada, no meio das minhas convidadas, que não acreditava no meu potencial, me deixou um tanto constrangida e me fez lembrar daquela menina magra e franzina que quando sentia o rajar do vento, segurava no portão fortemente, porque alguém tinha lhe dito um dia que qualquer ventinho a levaria!

"— Fraca, franzina, insegura, pobre de marré deci", como assim?

Naquela altura, a curiosidade para saber os detalhes da minha história já tinha sido aguçada entre as amigas, que estavam reunidas ali com o intuito único de comemorar o meu dia. Mas, diante do interrogatório, entendi que para que as comemorações continuassem, eu, que aos olhos da maioria era uma mulher que tinha nascido empoderada, teria que abrir o livro da minha vida e revelar como e quando eu consegui me libertar das limitações de um conto de fadas!

Lembro-me como se fosse hoje, morávamos num bairro da periferia e lá, eu, meus seis irmãos e minha mãe éramos conduzidos pelas limitações da vida. Numa casinha feita de madeira, compartilhávamos um quarto e uma cozinha e sob a luz da inocência vivíamos cantando e, de certa forma, atraindo mais pobreza para nós.

"Eu sou pobre, pobre, pobre de marré deci", quem já não ouviu essa canção infantil de brincadeira de rico e pobre? E conforme a música, tudo indicava que ser pobre era nosso destino, porque, segundo os ensinamentos limitantes dos que nos cercavam, a subida para a riqueza não tinha sido feita para nenhum de nós.

Dona Maria, minha mãe, literalmente foi criada por Deus para o auxílio e tendo sob sua guarda sete crianças, diariamente tinha que colocar muita água no feijão. E enquanto ela cozinhava eu, a sonhadora, subia no sapato de salto alto da minha irmã e andava de um lado para o outro fingindo ser muito rica. Minha mãe, sem paciência, sempre chamava minha atenção:

"— Pare de sonhar acordada, Sandra, e termina de varrer essa casa. Eu já falei que isto não é pra você. Melhor você ficar quietinha no seu canto e obedecer, tenha modos, senta direito e fecha logo essas pernas, menina, se não..."

Estão aí as crenças limitantes e a cultura submissa, que depois que crescemos nos fazem procrastinar. Príncipe encantado, cavalo branco, castelo bem cuidado e, segundo os filmes de contos de fadas, era lá que nós, mulheres, atrás de um grande homem, viveríamos felizes para sempre.

#Fica a dica: Com esses pensamentos, tem muita gente vivendo um conto de fadas abusivo.

Quem de nós já não se viu dentro de um filme de conto de fadas que tinha um príncipe tipo Christian Grey, um personagem de filme que mandaria seu motorista nos pegar na porta de casa e de helicóptero nos levaria pra jantar num restaurante cinco estrelas e depois da sessão de submissão (que, diga-se de passagem, no filme era muito bom) e de recompensa, nos daria o cartão de crédito da realização?

#Só que não. *"A vida, não é um conto de fadas. É um conto de fatos."*
(Henri Jeanson)

O que eu sei é que o ano era 1986, eu tinha acabado de completar 18 anos. Quando criança, eu queria trabalhar pra comprar muitos doces, mas até então eu não tinha conseguido um passaporte para entrar na Fantástica Fábrica de Chocolate do Willy Wonka. Na adolescência, queria estudar e me formar pra ser como a professora Ana, uma mulher que tinha seu carro, seu dinheiro e na sexta-feira já trazia sua mala e depois da aula sumia na estrada da realização, mas, de acordo com os hormônios descompensados de uma adolescente, como muitas que caminham por aqui, no meio do caminho desisti e o que me restou foi me apaixonar e acreditar que eu viveria um sonho de conto de fadas, quando me deparei com o meu príncipe encantado.

Eu não sei vocês, mas para o meu desespero, o meu príncipe encantado não veio montado num cavalo branco e não tinha um castelo bem cuidado e cheio de empregados para me servir e quando eu estava quase desfalecendo de tanto trabalhar, ele, preocupado com as contas que tinha que pagar, não me ressuscitou com um beijo encantado do amor.

#Fica a dica: A corda que você não solta costuma ferir as suas mãos.

Lavar, passar, limpar, cozinhar, educar e, no final do expediente, "abrir as pernas" que minha mãe passou a vida inteira me mandando fechar (risos).

Embora eu não entendesse todo aquele processo que eu passava, continuei firme no combate e naquela transição e mistura de sentimentos, eu fui me preparando para um futuro que exprimia aspirações e dificuldades. E mesmo sem tempo pra um abraço carinhoso, um chamego no ouvido e um beijinho no pescoço, aos 24 anos eu já era mãe de dois filhos e com a inexperiência, perdi o meu sapato de cristal no primeiro degrau e o meu príncipe...

"— Nossa amiga, eu nem sei o que dizer!"

Você não sabe, mas o que a crença limitante me dizia era que era tarde demais, tipo, perdeu, sabe? Perdeu a chance, a liberdade, a oportunidade de estudar, arrumar um bom emprego e viajar pelo mundo inteiro. Sem ter como mudar o meu destino, por muito tempo achei que era melhor ficar quietinha no meu canto, ser boa, obediente e fazer de tudo para que o sapo não me abandonasse, como fez meu pai com a minha mãe.

Às vezes, temos que ser empurradas ladeira abaixo para aprendermos que a ousadia não é uma opção, é uma obrigação.

Pare de sonhar acordada, menina! Você sabe que não há príncipe que resista a tantos boletos pra pagar e nem homem que consiga aguentar viver por muito tempo ao lado de uma mulher que, #fica a dica, só reclama da vida, mas não tem perspectiva de mudança.

Aprenda a interpretar com sabedoria os aprendizados da vida e comece a realizar o que planejou, homem não é príncipe, fusca não é cavalo branco e uma casinha com varanda não é castelo. Se você quer mudar a sua vida, que, segundo você, anda de mal a pior, lembre-se:

"Todo mundo pode sonhar, mas só realiza seus sonhos quem trabalha."
(Walt Disney)

Crise conjugal, financeira, amorosa e pessoal, você não está só nesta jornada. A vida também estava muito difícil pra mim, tanto é que às vezes, ao me olhar no espelho, eu nem sabia mais quem eu era de verdade, e quando tive a chance de descansar, em vez de sonhar que estava ocupando uma mesa nas calçadas de Paris desfrutando de um bom vinho, cochilei e sonhei que estava sendo picada por uma cobra.

"— Ei, acorda, princesa! Não vê que eu estou falando com você? Já passou da hora de você sair do banco do passageiro! Vamos, saia daí e senta aqui."

E, para o meu desespero, quando acordei, não era o Fábio Júnior que me dizia carinhosamente, como na música que interpreta, "Senta aqui".

Dirigir um carro, dirigir a sua vida, dirigir a empresa da família. Meu marido, embora não soubesse, mesmo de forma brusca estendeu naquele dia um tapete vermelho para mim, ao abrir a porta do carro e me obrigar a levantar, me mostrou a porta de saída do castelo da ilusão e me fez ocupar pela primeira vez o assento de uma "mulher rei".

"— Vamos lá, se solta logo esse portão! Você não é mais tão magrinha pra que o vento possa te levar. Agora coloca um pé na embreagem, o outro pé no freio, engata a primeira marcha, com calma abaixa o freio de mão, e vai soltando a embreagem bem devagar, só assim seu carro vai conseguir sair do lugar."

O que eu sei é que, naquele dia, o carro não saiu do lugar e eu voltei para o meu canto com a sensação de ter recebido um carimbo de burra na testa. No entanto, quando sentei no meu assento da insignificância, percebi que trouxe algo diferente dentro de mim e sem usar as limitações do orgulho que costuma endossar o período breve de humilhação, ao abrir a mão, me deparei com a chave da oportunidade e entendi qual era o meu papel na sociedade.

Quando uma porta se fecha, outra se abre.
Às vezes ficamos tanto tempo olhando para uma porta que se fechou,
que não vemos tantas outras que se abriram para nós.
(Alexander Graham Bell)

O orgulho ferido, a baixa autoestima e a síndrome de "pobre coitado" são inimigos das oportunidades e quando você, em vez de olhar para o passado com lamento, aprender a olhar com entendimento, vai começar a desenterrar os seus talentos. Foi assim que aconteceu comigo e quando voltei a transitar pela passarela das oportunidades, entendi o que Martin Luther King quis dizer, *que não é preciso ver o topo, apenas temos que dar o primeiro passo*. E se porventura você sentir medo, amiga, #fica a dica, vá com medo mesmo.

Eu? Jamais imaginei que compraria um carro, que passaria pelo deserto escaldante e que a partir dali, descobriria como usar a minha inteligência emocional. Terminar o colégio mesmo tendo dois filhos e estando grávida do terceiro foi ousado, me inscrever no vestibular e ter coragem de dizer no meio do jantar que ia voltar a estudar foi desafiador, aceitar o desafio do milagre da manhã e acordar às 5h durante um ano e meio para fazer minha pós-graduação foi enriquecedor, escrever um livro e, mesmo sendo uma mulher negra, me tornar diretora de uma empresa, uma exímia empreendedora, um exemplo de humildade e uma mulher de Deus, é prova viva de que você pode, você consegue e é capaz de se livrar das limitações promovidas pelos contos de fadas.

"A sabedoria afirma que tem três ricas recompensas para dividir com quem a procura: riqueza, honra e bens duráveis."

(Provérbios 8:18)

Como se libertar das limitações dos contos de fadas?

1º – Combater o bom combate

Não aceite os limites que a sociedade e a vida impõem para você, seja forte e corajosa e mude sua história.

2º – Terminar a corrida

Se liberte da procrastinação, mude seus hábitos, comece e termine o que planejou.

3º – Guarde sua fé

Acredite nos seus sonhos, ouse sonhar grande, voe alto e se surpreenda ao ver onde você é capaz de chegar.

“

A corda que você não solta costuma ferir as suas mãos.

Sandra Siqueira

SOFIA MENZ

Sou Sofia Menz, cristã, filha única, tutora de pets, natural de Resende/RJ.

A minha nascente começou a brotar, dando origem ao curso da minha vida, em 1970. Eu cheguei depois do rompimento da minha bolsa das águas num parto natural, totalmente solo.

Meu rio da vida possui um leito, às vezes estreito e raso com águas volumosas e turvas, mas na sua maioria, ele é largo e profundo com águas mansas e transparentes. E no curso dessas águas, eu comecei a fazer escolhas que me trouxeram até aqui!

Fisioterapeuta, doula, mentora de casais, empresária, palestrante e escritora.

Sigo com o propósito de ajudar os responsáveis por uma nova vida em adquirir conhecimento atual, suporte emocional e rede de apoio adequada.

sofiamenz.oficial

(24) 99998-1646

sofia.menz@gmail.com

UMA VIDA DE POSSIBILIDADES

29

Por Sofia Menz

Durante a infância, a mente de uma criança está no modo lúdico, sonhador, no auge das suas criações e sendo assim, tudo é possível nessa realidade única e pessoal.

Dessa forma foi a minha infância, pois sonhava e criava um mundo só meu, onde num mesmo dia eu era uma médica pediatra com o meu consultório cheio de bonecas, uma veterinária que salvava todos os meus pets, uma fada que falava com os animais da floresta, uma princesa que sonhava com seu príncipe no cavalo branco, uma professora que ensinava as amiguinhas, etc. Eu demorei anos para entender que cada mundo criado por mim iria fazer parte, de alguma forma, da minha história até aqui.

Agora, antes de compartilhar o curso do rio da minha vida profissional (amo essa analogia), quero dizer o quanto é importante deixar uma criança ser verdadeiramente criança.

Os responsáveis por uma criança não podem tirar o direito de autenticidade desse ser. Precisam estar ao lado para apoiar ou intervir quando verdadeiramente for necessário, no mais, cabe à criança explorar os seus potenciais e desafios que acompanham essa breve e intensa fase da vida. Não devem colocá-la sob a submissão e controle das suas próprias vontades. A infância é uma fase-chave para o desenvolvimento humano e influenciará diretamente no adulto que essa criança se tornará. Logo, seus responsáveis não podem permitir que suas próprias ansiedades a façam pular as experiências necessárias e enriquecedoras desse período.

E aqui, quero deixar a minha gratidão a minha mãe amada, por ter me permitido ser uma criança sonhadora, exploradora e criativa.

Uma profissão, uma escolha, um propósito!

Posso dizer que foram muitas experiencias ao longo dos anos até aqui, mas agora, quero compartilhar a minha trajetória profissional com você.

Eu escolhi a minha profissão depois de algumas tentativas frustradas de formações universitárias e, principalmente, depois que minha mãe teve um AVC, em 1995. No começo, ela precisou de um intenso acompanhamento de profissionais de saúde, mas teve um que se sobressaiu. Ele estava quase que diariamente na minha casa e era muito paciente, perseverante e motivador. Suas palavras calmas, seus sorrisos e suas técnicas fizeram minha mãe voltar a andar, a se alimentar sozinha e a falar. Ele foi o responsável por me apaixonar pela Fisioterapia.

Assim, me graduei como Fisioterapeuta em 2005 na capital, Rio de Janeiro, e voltei para o interior, onde abri o meu espaço para atendimentos. Caminhei por algumas áreas da fisioterapia que não conseguiram despertar em mim a minha motivação de vida, até que conheci uma outra colega de profissão numa palestra. Na época, ela exercia em paralelo uma atividade ainda pouco conhecida. Ela era uma doula!

Quando ouvi do que se tratava, minha mente explodiu, meu coração acelerou e logo pensei "eu quero isso pra minha vida"! A partir desse momento, Deus me permitiu acessar pessoas e informações para alcançar esse objetivo que se torno o meu marco de transformação profissional e que é a base do meu trabalho até os dias de hoje.

Afinal, quem é uma doula?

Doula, na definição original da palavra grega, é "mulher que serve", mas atualmente, define as profissionais que orientam e assistem outra mulher durante a gestação, o parto e o puerpério. A doula está presente na história familiar de muitas pessoas pelo Brasil e no mundo; sua função é reconhecida pela OMS e recomendada pelo Ministério da Saúde no nosso país. O seu conhecimento pode ser adquirido por tradição ou por formação. Eu fiz o caminho da formação, em 2009.

Nossa, naquela época, na minha cidade, foi um desafio enorme fazer com que as mulheres, seus familiares e os profissionais de saúde (salvo uma médica) aceitassem a minha proposta. Por alguns anos, sofri o preconceito que a ignorância alheia promove, mas graças a uma obstetra que me mostrou o caminho e me abriu as portas, eu fui rompendo as barreiras, desenvolvendo o meu trabalho e me tornando conhecida.

A partir dos primeiros acompanhamentos de gestantes, comecei a identificar as reais necessidades coletivas e particulares delas neste período e passei a entender o tamanho da minha responsabilidade. Na verdade, acompanhá-las vai além de instruí-las sobre questões da gestação, parto e puerpério, pois é preciso ter acolhimento emocional, empatia e criar um vínculo com elas. Dessa forma, nós conseguimos construir um relacionamento pautado em confiança e segurança.

E nesta construção crescente de relacionamentos, venho participando de um número cada vez maior de nascimentos e tendo a emoção de sentir a presença de Deus através de cada bebê que vejo nascer. Eu, também, ao assistir uma mulher a dar à luz, a pegar seu bebê no colo pela primeira vez, a olhá-lo nos olhos conferindo sua perfeição, consigo sentir brevemente a presença de toda a ancestralidade feminina dela.

Uma via de mão dupla

É (deveria ser) uma escolha da mulher ser mãe, mas a que escolhe esse caminho merece todo o apoio possível, sem julgamento ou imposições.

O processo de gerar, parir e criar um ser é divino, mas também é desafiador e assustador. Então, quando eu me dispus a fazer esse trabalho, soube na hora que precisava ajudá-las a quebrar essas barreiras.

A melhor forma de iniciar esse processo é ouvindo as queixas, os medos e as dúvidas dessas mulheres. A partir do momento que fiz isso, percebi que a maioria dos tópicos eram comuns entre elas. Isso fez com que a minha mente inquieta procurasse soluções e o resultado dessa busca foi incrível na minha vida profissional.

No processo de ouvir, identificar o problema, buscar soluções e realizar, não apenas pude acolhê-las, como trouxe várias ramificações para o meu trabalho.

A primeira carência que elas trouxeram foi a ausência de uma atividade física específica para o período gestacional, o que me levou a voltar para a capital e me especializar no "Método Pilates para gestante sob o olhar do Fisioterapeuta" e, em seguida, começar o atendimento num estúdio sublocado, para logo depois abrir o meu próprio estúdio.

Depois de sanar o primeiro problema comum, de imediato, começou a ficar frequente a queixa sobre não ter um local onde elas pudessem se reunir para conversar, se divertir e compartilhar experiências dentro desse universo novo que é a *maternagem*. Nesse momento, eu dei um grande passo, pois resolvi abrir um local para atender essas necessidades – a Casa Útero – e em paralelo, fiz mais uma especialização, o "Método Dança Materna", e me tornei a única professora licenciada para ministrar a aula na região. Pronto, na Casa Útero comecei a permitir que elas acessassem um universo de possibilidades referentes a como criarem seus filhos e trazendo junto os seus parceiros e seus familiares. O objetivo era "plantar" ideias em suas mentes ao apresentar métodos sólidos sobre criação com apego, respeito a individualidade do ser, ambientação adequada, exploração criativa e alimentação saudável. A mudança foi tão visível na forma de pensar, agir e criar suas crianças que elas passaram a ser conhecidas como as "Mães da Casa Útero".

Nesse mundo paralelo, elas começaram a chegar ao fim da licença maternidade e a dificuldade de encontrar um lugar que acolhesse os seus filhos e suas necessidades, dentro do que acreditavam, se tornou enorme. Então, mais uma vez, uma nova oportunidade surgiu para que eu pudesse atendê-las. Em 2017, eu abri a Creche Ninho & Casa Útero, que cresceu e se tornou o Centro de Educação Infantil NINHO. Hoje, junto com a minha sócia Daniele Souza e nossas colaboradoras, podemos contribuir na educação de várias crianças do nosso município.

Ao longo desses anos, outros projetos surgiram e ganharam corpo como os cursos, os ciclos de palestras, as rodas de conversa e os encontros sociais.

Agora, o meu queridinho é o "NATAL por AMOR", uma ação social que, desde 2015 promove a alegria de várias crianças em escolas da rede pública de Resende, através de uma festa, um kit-presente e uma cesta básica para a família dessas crianças. Ser a idealizadora e organizadora desse evento anual, junto com mais três amigas, é uma benção na minha vida. Projeto esse que ainda tem muito para crescer, mas que nasceu numa roda de conversa entre mães e hoje tem uma rede enorme de madrinhas e padrinhos!

Continuo absorvendo novas experiencias e novos conteúdos para enriquecer e manter o meu serviço atualizado; afinal, o saber nutre o cérebro e o mantem ativo e criativo. Dessa forma, consigo me manter inspirada, atualizada e coerente com a minha escolha de instruir os casais durante essa jornada de serem pais de um ser novo.

As pessoas sempre me perguntam como eu dou conta de fazer os acompanhamentos individuais, mentorear casais (inclusive à distância), dar cursos e palestras, administrar a minha escola, realizar os projetos, vida pessoal, enfim... Simples assim: porque tudo isso é o meu combustível de vida! E nunca estive sozinha nessa jornada, pois Deus sempre colocou pessoas que são verdadeiros presentinhos Divinos no meu caminho. Possuímos dentro de nós uma reserva insuspeita de força, que surge quando a vida nos exige ação.

Quanto a ser grata!

Alimento diariamente o meu sentimento de gratidão por todas as mulheres e famílias que me permitiram e me permitirão fazer parte das suas histórias num momento tão especial.

Sou grata também a todos os profissionais que dividem comigo o seu conhecimento e suas indagações, mas principalmente pelos que seguem me ensinando em todas as esferas da minha vida. E a melhor forma de entregar e materializar parte da minha gratidão a Deus, é servindo essas mulheres com tudo que consigo acessar através do conhecimento, além da minha atenção, carinho e respeito.

Senhor permita que eu seja luz na vida de muitas pessoas como tantas são na minha! Amém!

"

O saber nutre o cérebro e o mantém ativo e criativo para uma vida de possibilidades.

Sofia Menz

VALDA MARIA COSTA FUMEIRO

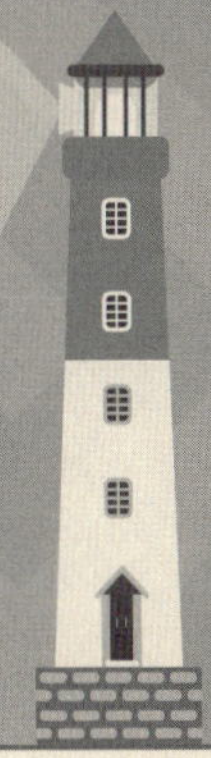

Valda Maria Costa Fumeiro, cristã, enfermeira, professora, palestrante e filha da minha inspiradora mãe Valdelice Fumeiro. Escritora radicada em Brasília, sou resultado da minha luta e das minhas escolhas.

Dotada do mais natural impulso conquistador, escrevi o roteiro da minha vida ao sair da absoluta pobreza para a realização pessoal e felicidade plena. Vivenciei, em cada fase da vida, momentos de mudança e transições desafiadoras, sem deixar passar cada oportunidade de tocar as pessoas com a mais simples essência: a humildade.

Sempre olhei na direção do progresso e vi além, vislumbrei um futuro feliz. Dedico-me a iniciativas humanitárias, com o propósito de impactar pessoas, ajudá-las a se desprender de impedimentos mentais e despertá-las para o desejo de vencer e prosperar.

valdafumeiro

(61)98343-5915

VIVER É A TRAVESSIA DOS SONHOS

30

Por Valda Maria Costa Fumeiro

No perceber a minha existência, eu senti que Deus existe dentro de mim. Não está fora ou longe, o Altíssimo está próximo do nosso coração, pulsando com a intensidade da vida. Está presente no cotidiano, no respirar, no sentir, no fazer, no ser e no realizar, a cada instante que se passa, até a eternidade dos nossos dias de luta e de glória. Mesmo nas situações mais difíceis, eu sempre acreditei que as experiências que a vida proporciona podem levar à plenitude. Com força da fé, alcancei o estado de gratidão e quero compartilhar com outras pessoas, pois essa é uma riqueza que se multiplica na medida em que se divide.

Perceber que Deus existe dentro da gente é entender que nada é impossível. Eu nasci em São Raimundo das Mangabeiras, no interior profundo do Maranhão. Vim ao mundo pelas mãos de uma parteira, ainda sem saber o quanto a beleza do nascimento e a sutileza da morte teriam relação íntima com a vida que eu viria a escolher no futuro. Vivi até os 13 anos nesta humilde cidade, cultivada pelo amor e dedicação de minha mãe, às margens do Rio Neves, do ribeirão Cachoeira, das cacimbas do Bairro Ouro Preto e do Riacho Engano, certa de que meu destino estava longe dali, em um lugar onde sonhos se transformam em realidade.

Era uma vida muito humilde, sem recursos, não tínhamos dinheiro nem mesmo para as necessidades mais básicas. A gente se alimentava do que conseguia cultivar na terra, caçar na natureza e pescar nos rios. Passávamos muitas necessidades, a nossa sobrevivência era um milagre constante de Deus, que nunca nos abandonou. Eu sentia sua presença em cada situação, cuidando de nós, me inspirando e dando coragem, para que eu não esmorecesse e permanecesse firme em minha fé, mesmo diante de todos os desafios do caminho.

Diante de tanta privação, um dia minha mãe decidiu me mandar para a casa da minha tia, em Brasília. Foi a forma que ela encontrou de me afastar da miséria e de me proporcionar oportunidades de estudar, trabalhar e procurar um futuro diferente. Com aperto no coração, eu parti em busca do sonho e carreguei comigo a saudade. Naquela época, já tinha quatro irmãos e minha mãe estava grávida novamente. O então marido morreu antes mesmo da criança nascer. O que era difícil, se tornou ainda mais desafiador.

Assim que cheguei ao Distrito Federal, logo comecei a trabalhar. Fui feirante, recepcionista, vendedora, era pau para toda obra. Vendia Avon, Natura, roupas íntimas, tudo o que fosse possível fazer, eu realizava. Fiz valiosas amizades nesse período. No contato diário com meus clientes, muitos gostavam de mim e me ajudavam, me orientavam a buscar uma profissão. Falavam que eu era jovem, que tinha que estudar para ser alguém na vida. Foram conselhos valiosos, que me fizeram acreditar que era possível transcender os obstáculos.

Tomei consciência de que buscar uma formação profissional era a única chance que eu tinha de mudar de vida e prosperar, em nome da minha família. Pensativa e inspirada, tomei a melhor decisão da minha vida: decidi fazer um curso técnico em enfermagem. Foi aí que encontrei a verdadeira felicidade. Foi um período doloroso e exaustivo, tive que dar tudo de mim, para trabalhar e estudar. Mas definitivamente encontrei algo que dava sentido a minha existência, me dedicando a cuidar do próximo, principalmente daqueles que mais precisam, no momento da dor.

Com ajuda da minha tia, que também era muito pobre, mas muito generosa, consegui ir levando a vida com fé e determinação. Trabalhávamos duro para manter tudo funcionando, sem desacreditar do sentido de nossas vidas em nenhum momento. Com o passar do tempo, comecei a conseguir mandar algum dinheiro para ajudar minha mãe e meus irmãos. Na medida em que fui evoluindo em minha trajetória, começamos a construir a estrutura necessária para trazer a minha família para Brasília, até que conseguimos!

A viagem foi longa. Assim que minha mãe chegou, não tínhamos muitos recursos, então fomos morar em Cidade Ocidental, no entorno de Brasília, onde a vida era mais em conta. Começamos do zero, com a cara e a coragem. Ela era uma boa costureira e logo conseguiu se colocar em produtividade.

A vida foi progredindo, conseguimos encaminhar meus irmãos e, dando um passo de cada vez, transformamos nossas vidas em uma mola propulsora de ideais. Depois do curso técnico, eu me graduei, me tornei enfermeira e passei a ver a vida do nascimento até a morte, todos os dias de minha existência.

A minha mãe enfrentou muito preconceito, por causa dos abandonos que sofreu e por ter que criar os filhos sozinha nesse mundo. Muitas vezes, as portas se fechavam, sem que nos fosse dada a menor chance. Mas ela sempre se portou com dignidade, sempre manteve a cabeça erguida e nunca deixou se abalar. Um dia após o outro, provava para os filhos que valia a pena seguir perseverando. Eu me inspirava na força dela, que parecia maior a cada dia que passava.

Ao ajudar meus semelhantes, como técnica em enfermagem e enfermeira, eu entendi que não existe conquista sem luta. As coisas parecem impossíveis, até que alguém vai lá e faz. Deus não está fora, está dentro da gente, em nosso coração, nos ajudando a superar o improvável e a realizar o impossível a cada dia. Diante dessa verdade, como ensina a poetisa Cora Coralina, não há o que temer, pois *"mesmo quando tudo parece desabar, cabe a mim decidir entre rir ou chorar, ir ou ficar, desistir ou lutar; porque descobri, no caminho incerto da vida, que o mais importante é o decidir"*.

Diante de tudo, eu decidi lutar. É verdade que não podemos romantizar a dificuldade e a desigualdade, que tanto provocam injustiças e que fazem muitas vítimas ao longo do caminho. Entretanto, não podemos ficar paralisados diante do medo, temos que olhar para as situações críticas da vida como oportunidades de aprendizado e evolução espiritual. Não estamos isolados, fazemos parte de um plano maior e colocar nossos dons a serviço dos outros é a melhor forma de se reintegrar com a vida.

Quando mudei para Brasília, em busca de melhores condições de vida, a saudade da minha família alimentava a minha gana de vencer, para trazê-los para perto de mim. Eu poderia me resignar com as adversidades, mas sabia que a única chance que tínhamos passava pela minha resiliência, pela minha capacidade de continuar em frente, apesar de tudo. Assim, continuei caminhando, um passo de cada vez, até conquistar meus objetivos.

Com esse espírito, cheguei aonde estou e me sinto uma mulher realizada. Ajudei minha mãe, meus irmãos, me casei, constituí uma família linda e dei aos meus filhos as oportunidades que não tive. Ensinei a eles a importância de ajudar o próximo e nunca parei de viver essa graça. Provei com minha experiência nesse mundo que tudo o que fazemos de coração, recebemos de volta multiplicado por Deus.

Quando eu pensava que a vida estava resolvida, veio a pandemia da Covid-19 e tudo virou de cabeça para baixo. O medo generalizado tomou conta das pessoas ao meu redor. No meu trabalho, comecei a receber milhares de pacientes infectados por um vírus mortal e desconhecido. Colegas de profissão começaram a falecer na linha de frente, parecia que estávamos vivendo o fim dos tempos. Eu sofri e chorei muito, mas enxuguei as lágrimas e fui ao trabalho, pois precisavam de mim.

Diante daquele quadro terrível, eu sabia exatamente o que fazer: ajudar as pessoas de todas as formas que pudesse. Assim, me coloquei à disposição da humanidade, cuidei dos doentes, amenizei a dor, dei amparo no leito de morte, vacinei a população e socorri meus colegas de trabalho que chegavam ao limite do desespero. Diante da morte iminente, decidimos viver e superar aquela situação. Conseguimos!

Foram dois anos de crise sanitária que deixaram profundas sequelas, principalmente entre os mais vulneráveis. No total, mais de 30 milhões de pacientes foram infectados e mais de 700 mil pessoas morreram, entre eles 872 profissionais de enfermagem. Muitas crianças ficaram órfãs e desamparadas, muitas famílias foram destruídas. Um verdadeiro cenário de guerra, que nos levou a condições extremas de sobrevivência.

Mas sobrevivemos e novamente estou aqui, dando testemunho de que vale a pena lutar e resistir, por nós e pelos outros. É verdade, temos que lamentar as enormes perdas que sofremos ao longo da vida, faz parte do processo. Contudo, temos uma missão ainda mais importante pela frente: socorrer e ajudar os órfãos, proteger e amparar as viúvas e os viúvos e mostrar para todas as vítimas desse processo que a sobrevivência vale a pena e que a vida tem um sentido maior, apesar das sequelas que temos de carregar.

A miséria foi superada, a pandemia foi superada, mas eu não tenho dúvidas: outros desafios ainda maiores virão e precisaremos escolher de que maneira vamos nos portar diante das agruras da vida; precisamos escolher se vamos nos entregar ao medo ou à coragem, se vamos lutar ou desistir, pois o mais importante é decidir.

Eu decidi ser feliz e nada pode me deter. Quando chegar o meu momento de partir desse mundo, irei com a consciência tranquila de que me entreguei de corpo e alma a todas as experiências e causas justas da vida. Sou grata, pois recebi de volta tudo o que ofereci ao próximo. Portanto, não tenho dúvidas: somente quem faz escolhas auspiciosas, pode viver o extraordinário.

Como profissional de enfermagem, palestrante e gestora pública, frequento instituições e outros espaços públicos para espalhar a importância de ter pensamentos saudáveis e a forma que eles transformam nossa vida. Realizo treinamentos, em pessoas e equipes, voltados para o desenvolvimento pessoal sobre os quais podemos projetar, escrever ou desenhar expectativas, desejos, histórias ou mudanças que se pretende concretizar. Para que você possa investir no seu modo próprio e particular de ser, cuidando da mente, pois ela é a chave mestra da sua prosperidade.

Você tem o direito de ser, existir e se tornar o resultado de suas escolhas e sonhos.

“

A consciência te resgata do cativeiro emocional, que é a negação do direito de ser, existir e se tornar. Você pode se tornar o que desejar ser!

Valda Maria Costa Fumeiro

EDITORA
CHAVE MESTRA®